MARCEL M. DORFER

Die Stoa – eine moderne Lebensphilosophie
Wege zu einem geglückten und guten Leben

Besuchen Sie uns im Internet:
www.lebensgeschenke-verlag.com
oder auf FACEBOOK:
www.facebook.com/lebensgeschenke

Impressum:

MMMag. Dr. Marcel M. Dorfer
Die Stoa – eine moderne Lebensphilosophie
Lebensgeschenke-Verlag, Graz
ISBN: 978-3-902689-24-5

Layout: Harald Letonja, www.alfama.at
Coverfoto: kolokotronis, stock.xchng

Marcel M. Dorfer

Die Stoa – eine moderne Lebensphilosophie

Wege zu einem geglückten und guten Leben

Ein Praxishandbuch mit Übungen
für den Lebensalltag

lgv

Für Jasmine, Rosi und Heinrich Aurelius

Inhaltsverzeichnis

Vorwort

Wie kann ich gut und glücklich leben? Diese lebensphilosophische Frage beschäftigt wohl jeden Menschen einmal in seinem Leben. Darum verwundert es nicht, dass sie bereits vor Jahrtausenden auch von Philosophen gestellt und behandelt wurde. Eine der Antworten darauf – denn auf eine solche Frage kann es verständlicherweise nicht nur eine einzige, für jeden Menschen gültige, geben – gibt die Philosophie der Stoa. Die stoische Lehre, die durch die klassische Bildung, sowie über christliches Gedankengut, auch vielen Menschen in der heutigen Zeit mehr oder weniger vertraut ist, wenngleich es ihnen oft gar nicht bewusst ist, dass es sich um Begriffe und Konzepte der Stoa handelt – zeigt bewährte Möglichkeiten, praktische Wege zum ‚guten und geglückten' Leben.
Wer Philosophie bisher als trocken und unverständlich angesehen hat – und die heutige, an den Universitäten gelehrte Philosophie, kann man tatsächlich so bezeichnen, wie es der kürzlich verstorbene französische Philosoph Pierre Hadot auch mit Nachdruck getan hat – wird sich wundern, dass für die antiken Philosophen Philosophie in erster Linie Lebenspraxis war. Natürlich hatten auch die antiken philosophischen Lehren komplexe und komplizierte Theorien, aber bewähren mussten sie sich in der Praxis, im Lebensalltag – und die stoische Philosophie tat dies mit großem Erfolg, viele Jahrhunderte lang.
Für die alten Stoiker war Philosophie ein praktisches Werkzeug für den Geist, um Antworten auf die bedeutendsten Sinnfragen der Menschen zu erhalten, um die Welt zu erklären usw., aber auch – und das ganz besonders – um ein Mittel bei der Hand zu haben, um für sich persönlich, wie auch für ihre Schüler, Zuhörer, Leser usw., ein gutes Leben in Glück und Tugend zu erlangen.

Die stoische Philosophie war und ist eine Lebensphilosophie, für die alltägliche Lebenspraxis zur Bewältigung all ihrer Probleme, Wirrnisse, Schicksalsschläge usw.

Dieses Buch ist an all jene Menschen gerichtet, die sich die oben genannte Frage schon einmal gestellt haben, an alle, die sich für die stoische Philosophie im Speziellen bzw. die Philosophie im Allgemeinen interessieren, und besonders an diejenigen LeserInnen, die bereit sind, ihren Weg zu einem guten und geglückten Leben zu beschreiten. Dieses Buch soll als Ratgeber, als Wegbegleiter dienen, die LeserInnen bei der Findung ihres persönlichen Weges zu ihrem Lebensziel unterstützen und bei der Erarbeitung und Beschreitung des Weges – denn jeder hat seinen eigenen – helfen.

Kommen Sie mit auf eine spannende Reise in die Welt der Philosophie, in eine ferne Zeit, zu interessanten Menschen und schließlich wieder zurück in die Gegenwart und zu sich selbst.

Klagenfurt am Wörthersee

Marcel M. Dorfer im August 2011

Einleitung

Die westliche Welt, vor allem das weitgehend säkularisierte Europa, leidet an einem Werteverlust. Es fehlt an einem bzw. mehreren Leitidealen, an dem bzw. denen sich die Gesellschaft insgesamt, sowie der Mensch im Einzelnen, orientieren können.[1] Die etablierten christlichen Religionen verlieren immer mehr an Vorbild- und Leitwirkung[2]. Demgegenüber dringen andere Weltreligionen wie der Islam und kleinere Religionsgemeinschaften, aber auch Sekten und Esoterik, immer stärker in das Bewusstsein der Menschen ein. Wirtschafts- und Finanzkrise(n), globale Erwärmung, zerrüttete Familiensituationen usw. stellen die Menschen vor weitere Probleme und Belastungen. Viele – egal ob nun gläubig oder nicht – streben nach einer Neuorientierung, nach neuen Werten, um Halt und Sicherheit zu bekommen, um in innerer Ruhe und Ausgeglichenheit ethischen Werten gemäß leben zu können.

Dabei vermag die stoische Philosophie mit ihrer Lehre Rat und Hilfe zu geben. Die Stoa steht für ein naturgemäßes Leben in Ausgeglichenheit, innerer Ruhe und Glück. Doch, bzw. inwieweit, ist eine über zweitausend Jahre alte Philosophie überhaupt geeignet, dem modernen Menschen der ‚westlichen Welt' zur Seite zu stehen? Kann man die Stoa als moderne Lebensphilosophie betreiben und dadurch zu seinem Glück finden?

Gemäß dieser Fragestellungen soll die stoische Lehre hier präsentiert, aber auch kritisch untersucht werden. Den Schwerpunkt dabei bildet die praktische Umsetzbarkeit, die Anwendung der Philosophie in der alltäglichen Lebenspraxis des modernen Menschen. Begonnen wird mit einem Geschichtsteil zum Kennenlernen der bekanntesten stoischen Philosophen der Antike, aber auch ihrer Welt und ihres Weltbildes. Dabei wird sich zeigen, dass die alten Stoiker nicht nur Theoretiker, sondern vor allem (erfolgreiche)

Lebenspraktiker waren. Viele ihrer Weisheiten und Lehren wurden ins Christentum übernommen und verbreiteten sich in den folgenden Jahrhunderten in Europa und in der Neuen Welt.
Im zweiten Kapitel wird auf das Wesen der stoischen Philosophie eingegangen – wie die Stoiker (ihre) Philosophie gesehen haben, welche Ziele sie sich bzw. ihrer Philosophie setzten und wie sie diese erreichen wollten bzw. erreichten.
Im dritten Kapitel werden die wichtigsten Begriffe und Konzepte der stoischen Lehre erläutert. Die Stoa verfügt nämlich über eine umfassende Theorie – denn Theorien sind ja nichts anderes als Gedankenmodelle, um etwas zu erklären –, aus der heraus die Welt verstanden und praktische Probleme gelöst werden sollten. Dabei wird auch auf die Relevanz von Gott bzw. Göttern in der stoischen Philosophie sowie auf die Frage nach dem Sinn des Lebens eingegangen. Griechische und lateinische Fachbegriffe sind kursiv gehalten und werden wie allfällige sonstige Fremdwörter im Text erklärt.
Das vierte Kapitel beschäftigt sich mit dem (entscheidenden) Schritt von der antiken Theorie zur modernen Lebenspraxis und gibt einen lebensphilosophischen Leitfaden mit wichtigen Erklärungen, Anregungen und Ratschlägen zum rechten Handeln und zum geglückten Leben.
Das fünfte Kapitel bildet den Hauptteil des Buches, die detaillierte Vorstellung der stoischen Weisheiten und Lehren sowie ihre praktische Umsetzung im Lebensalltag. Die einzelnen, thematisch geordneten, Lehren der alten Stoiker werden erläutert, aber auch kritisch hinterfragt. Zu den meisten Lehren/Themen gibt es Übungen, die die praktische Umsetzung im täglichen Leben erleichtern sollen.

Das Buch ist gemäß der klassischen Didaktik aufgebaut, erst Theorie, dann Praxis. Wer vor allem oder ausschließlich an der Praxis interessiert ist, möge gleich mit dem zweiten Kapitel beginnen und danach das fünfte Kapitel lesen. Die restlichen Kapitel kann man sich gerne auch später zur Vertiefung zu Gemüte führen.

I. Durch Zeit und Raum – die geschichtliche Entwicklung der stoischen Philosophie

1. Es war einmal in Griechenland – der geistesgeschichtliche Hintergrund

Die griechische Philosophie entwickelte sich in der *polis*, dem Stadtstaat mit seiner spezifischen Ordnung (*eunomia*), in der die Gesetze herrschten, letztlich aber die Gemeinschaft über sich selbst. Die *polis* war nicht nur ein politisches und religiöses Machtzentrum sowie ein fester Sozial- und Rechtsverband, sondern auch der Ort sittlicher Bewährung. Als *zoon politikon*, als gemeinschaftsfähiges Wesen hatte sich der Mensch in der *polis* in der Gemeinschaft seiner Mitbürger zu bewähren und konnte sich verwirklichen. Der Einzelne hatte sich dabei gleichzeitig auch dem Willen des Staates zu unterwerfen.[3]

Nach dem Peloponnesischen Krieg jedoch sank die politische und militärische Bedeutung der bis dato dominierenden griechischen Stadtstaaten. König Philipp von Makedonien fasste die Poleis unter seiner Führung zum Korinthischen Bund zusammen. Unter seinem Sohn Alexander dem Großen, der ein Weltreich schuf, expandierte die griechische Kultur weit nach Osten. Nach Alexanders Tod zerfiel dieses Reich schließlich in drei große Nachfolgestaaten, die um Vorherrschaft und Beständigkeit stritten. Das politische, soziale und sittliche Ordnungsgefüge der klassischen *polis* hatte sich damit überholt.[4]

In dieser krisenhaften Zeit des politischen, gesellschaftlichen und wirtschaftlichen Umbruchs – wobei Parallelen zur heutigen Zeit nicht von der Hand zu weisen sind –, der Neuorientierung des Individuums – weg von der *polis* hin zu sich selbst – entstanden philosophische Schulen (der Epikuräer, Skeptiker, Stoiker), die trotz aller Unterschiede ihrer Inhalte ein gemeinsames Ziel hatten: Sie wollten als praktische Philosophien den Menschen neue Orientierungshilfen und ein neues Selbstverständnis geben und ihnen mit einer Selbsterziehung Möglichkeiten zu einem sinnerfüllten, geglückten Leben zur Verfügung stellen. Der Erfolg der Stoa als ‚Philosophie der Krise' mag sich dadurch erklären.[5]

Die Philosophie der Stoa in ihrer ganzen Komplexität wird aber erst dann verständlich, wenn man berücksichtigt, dass sie die Erkenntnisse der vorklassischen Naturphilosophen (Thales von Milet, Anaximander, Anaximenes, Pythagoras, Heraklit, Parmenides usw.) wie auch die Erkenntnisse der klassischen Philosophen (Sokrates, Platon, Aristoteles) verarbeitete, und dass sie gleichzeitig auch in eine kulturgeschichtlich sehr fruchtbare Epoche, den ‚Hellenismus', eingebettet war.[6]

Der Blick der Philosophen ging nunmehr über die engen Grenzen der *polis* hinaus, und es entwickelte sich z. B. besonders in der Stoa die Vorstellung eines Kosmopolitismus. Das Denken überwand die Grenzen des Stadtstaates und strebte nach Ausweitung und weltumspannender Wirksamkeit. Auf die militärische Expansion des hellenistischen Weltreiches folgte die philosophische Expansion eines neuen Kosmos. Interessanterweise war keiner der wichtigen Stoiker im engeren Sinne ein Grieche, das Zentrum der stoischen Philosophie verblieb aber auch weiterhin Athen.[7]

Mit der römischen Eroberung des östlichen Mittelmeerraums fand zugleich die Kultur jener Länder Eingang in Rom, besonders in der Aristokratie. Gerade die religiösen Überzeugungen und philosophischen Einsichten des Griechentums gewannen immer mehr Aufmerksamkeit und brachten das in Normen festgefügte römische Denken an Brauch und Sitte (*mos maiorum*) ins Wanken. Im Gegenzug verblieb die Lebenssicht der Römer auch nicht ohne Einfluss auf die Lehre der Stoa – beispielsweise die Pflichtenlehre des Panaitios und seine positive Haltung zum

Staatswesen, oder dessen Schüler Poseidonios, der der politischen Weltmacht Roms ein adäquates, alle Wissensbereiche umfassendes Bildungssystem zur Seite zu stellen suchte.[8]

Einer der ersten Römer, der sich mit der stoischen Philosophie intensiver auseinandersetzte und diese in seinen Werken verbreitete, war der Staatsmann und Schriftsteller Cicero. Er setzte in seinen pflichtenphilosophischen Werken neue Maßstäbe für die Wohlordnung der Welt und prägte den Terminus *philosophia moralis* neu. Mit ihm begann der Weg der Bildungsphilosophie, die der Unterstützung von Staat und Staatsmann als Verwalter und Autorität des Rechtes diente, zur Regelung der Verhaltensweisen in Fragen wie: Was ist Tugend? Was ist vernünftiges Handeln? Welche Entscheidungskriterien bestimmen über das rechte Gut? Ihm gelang die Übersetzung der stoischen, theoretischen Idee vom natürlichen Gesetz als einem kosmischen, ethischen Prinzip in ein praktisches Rechtsprinzip. Das natürliche Gesetz (*lex naturae*) wurde die Legitimation für das staatliche Gesetz. Die griechische Ethik gewann bei Cicero schließlich ihren eigenen Wert und ihre Verbindlichkeit. Er definierte in diesem Zusammenhang auch die vier (römischen) Kardinaltugenden: Vernunft/Weisheit/Klugheit (*sapientia/prudentia*), Gerechtigkeit (*iustitia*), Tapferkeit (*fortitudo, virtus*), Mäßigung/Selbstzucht (*temperantia*).[9] Im letzten vorchristlichen Jahrhundert zerfiel das zerrüttete republikanische System in Rom, und mit Augustus begann die Kaiserzeit.[10] Auch für die Stoa war eine neue Zeit angebrochen. Seneca strebte danach, das Leben in der Zeit Kaiser Neros mit der stoischen Lehre zu einer Synthese zu bringen. Danach, in der letzten Phase der Stoa, entwickelte sich bei Epiktet und Marc Aurel ein ethischer Rigorismus, der in manchen Bereichen an die alte Stoa anknüpfte. Vielleicht war dies aber auch wieder eine Reaktion auf die sich abzeichnenden Krisen der Zeit.[11]

Das sich verbreitende Christentum mit seiner Theologie und Lebensform adaptierte über die Patristik viele Überzeugungen vor allem der stoischen Ethik und ersetzte als religiöse Weltanschauung immer mehr den philosophischen Gesamtentwurf der Stoa, die schlussendlich ihre Eigenständigkeit und Bedeutung als nicht-christliche Orientierungshilfe fast vollständig verlor.[12]
Die Stoa als philosophische Schule bildete sich wesentlich durch die Auseinandersetzung mit vorhergegangenen Sichtweisen und durch die Reaktion auf neue bzw. anders gestellte Fragen der jeweiligen Gegenwart. Die Stoa griff so für ihre Kosmologie auf die Vorsokratiker, besonders auf Heraklit, zurück. Bei ethischen Fragestellungen hingegen wurde Platon herangezogen. Gerade in kulturgeschichtlichen Belangen bedeutsam war das Bemühen, ein Gedankengebäude zu errichten, welches den kosmischen Zusammenhang aller Dinge philosophisch nachbilden sollte.[13]
Von allen philosophischen Schulen der hellenistischen Zeit ist die Stoa diejenige mit der umfassendsten Wirkung gewesen. Eine große Zahl der Gebildeten im griechisch-römischen Kulturkreis hing dieser Philosophie an. Viele Auffassungen und Vorstellungen der stoischen Philosophie sind zum Gemeingut der europäischen Kultur geworden. Umso verwunderlicher mag es daher erscheinen, dass weite Bereiche ihrer Philosophie weitgehend unbekannt geblieben sind. Vorrangig hängt dies mit der Überlieferungssituation bzw. der misslichen Quellensituation zusammen. Aus der Zeit der ‚älteren' und ‚mittleren' Stoa sind keine originalen Texte erhalten geblieben. Die Inhalte müssen aus Sekundärquellen anderer Autoren aus späterer Zeit rekonstruiert werden – vorrangig zu nennen sind hier Plutarch, Cicero, Sextus Empiricus, Clemens von Alexandrien, Alexander von Aphrodisias, Diokles von Magnesia, Arius Didymus, Galen sowie Diogenes Laertios. Grundsätzlich blieben ausschließlich die Werke aus der ‚jüngeren'

Stoa, die Texte bzw. Bücher Senecas, Epiktets und Marc Aurels in relativ gesicherter Form erhalten. Darüber hinaus mag auch die Methode der historischen Philosophiebetrachtung, die Einteilung der Geschichte der antiken Philosophie in eine klassische sowie in eine vor- und nachsokratische Phase, zu einer geringeren Würdigung der ‚nachklassischen' stoischen Philosophie geführt haben, was eine entsprechende Würdigung ihrer Bedeutung erschwert hat.[14]

2. Athen und darüber hinaus – die „alte" Stoa (ca. 300 bis 150 v. Chr.)

Begründet wurde die stoische Schule um etwa 300 v. Chr. durch Zenon von Kition/Kitios (Zypern) in Athen. Den Namen verdankt sie der bunt bemalten Säulenhalle, der *„Stoa poikile"*, in Athen, unterhalb der Akropolis, in der sich deren Anhänger trafen.[15] Zenon war einer der großen Philosophen der Antike. Es gelang ihm wie nur wenigen anderen, Leben und Lehre miteinander in Einklang zu bringen – so zumindest vermittelt es die antike Überlieferung über ihn.[16] Er war vor allem ein Anreger, seine Werke haben die Grundlinien der stoischen Lehre entworfen.[17]
Die stoische Philosophie stand in der Tradition der Sokratik und nahm ihren Ausgang an jenem zentralen öffentlichen Ort. Wie die Überlieferung von Zenons frühem Werk *Politeia* belegt, ließ sich die Schule zunächst von stark kultur- und zivilisationskritischem Interesse an praktischen Fragen leiten.[18]
Die Hauptquelle zu Zenons Leben und Werken bildet Diogenes Laertios siebtes Buch seines Werkes *Leben und Meinung berühmter Philosophen.* Mit diesem Werk wurde Laertios zum Erfinder der populären Philosophiegeschichtsschreibung. Es ging ihm zwar jedwede tiefere Einsicht in die Materie ab, außerdem sorgt das sprunghafte Hin und Her seiner Darstellung oft für Verwun-

derung, aber er war ein eifriger Sammler von Einzelheiten. Da er historisch gesicherte Fakten mit bloßen Erzählungen und Anekdoten bunt zusammen mischte, zeichnete er durchaus farbige Bilder von seinen beschriebenen Personen.[19]

Zenon wurde um das Jahr 335 v. Chr. als Kaufmannssohn geboren. Es wird angenommen, dass er phönizischer Herkunft war. Im Jahre 313 überlebte er einen Schiffbruch in der Nähe von Piräus, woraufhin er nach Athen ging und sich dem Kyniker Krates anschloss. Dieser war zu jener Zeit der bekannteste Vertreter dieser philosophischen Schule in Athen. Bezeichnend für die Kyniker waren ihre Verachtung von Besitz sowie ihre Ablehnung der herrschenden gesellschaftlichen und moralischen Vorstellungen, da diese ein naturgemäßes Leben verhinderten. Einer ihrer bekanntesten Vertreter war Diogenes von Sinope, genannt *kyon* (‚der Hund'), der mit äußerst drastischen Mitteln versuchte, die Menschen zur Natur zurück zu führen. Gemäß seiner Überzeugung war natürliches Handeln niemals falsch, weshalb man es vor den Augen aller tun konnte – er zielte damit bewusst auf das Scham- und Anstandsgefühl seiner Zeitgenossen.[20]

Zenon gründete einige Jahre später eine eigene Philosophenschule, eben die stoische, wobei er selbst die asketische Lebensführung der Kyniker, sowie manche ihrer Überzeugungen, nie völlig ablegte.[21] Seine Philosophie und sein pädagogisches Wirken fanden bald Anerkennung. Die Volksversammlung von Athen beschloss sogar, ihm ein Grabmal zu erbauen, unter anderem wegen der moralischen Wirkung seiner Lehre auf die Jugend. Weiters wurde ihm auch ein goldener Kranz verliehen.[22]

Zenon führte ein sparsames und enthaltsames Leben und soll im Umgang angenehm gewesen sein, weshalb König Antigonos von Makedonien ihn oft besuchte. Berühmt war er für seinen bissigen Spott und seine Schlagfertigkeit. Wie alt er wurde, ist nicht sicher überliefert – genannt werden 72 sowie 98 Jahre. Er soll durch Selbstmord sein Leben beendet haben.[23]

Der nächste wichtige Vertreter der alten Stoa war Kleanthes von Assos (in Troas). Der bärbeißige frühere Faustkämpfer, von dem berichtet wird, dass dessen Auffassungsgabe ‚außergewöhnlich langsam' gewesen sei, soll seinen Lebensunterhalt durch nächtliches Teigkneten und Wassertragen verdient haben. Von ihm ist der so genannte Zeushymnos überliefert. Dieser ist im Grunde der einzige Text der alten Stoa, der vollständig erhalten blieb und Anlass zu vielerlei Betrachtungen gibt. Mit diesem Gebetstext präsentierte sich Zenons Nachfolger als tiefgläubiger Mann, der über die Gottlosigkeit seiner Zeit schwer beunruhigt war und gegen den weit verbreiteten Skeptizismus und Relativismus im dritten Jahrhundert vor Christus Stellung bezog. Kleanthes strebte mit diesem Werk keine Rückwendung zur Volksfrömmigkeit früherer Jahrhunderte an, sondern versuchte vielmehr eine Synthese mythischer Vorstellungen und stoischen Gedankenguts.[24] Daneben soll er noch eine ganze Reihe weiterer Werke, doppelt so viele wie sein Lehrer Zenon, geschrieben haben. Über Kleanthes kam Heraklits Philosophie in die Stoa.[25] Von ihm stammt der Ausspruch: ‚In ihm (Gott/Kosmos/Natur) leben, weben und sind wir.'[26] Auch er soll durch Selbstmord gestorben sein.[27]

Der dritte wichtige Vertreter der alten Stoa war Chrysipp von Soloi (oder Tarsus) in Kilikien, von 232 bis 205/4 v. Chr. Nachfolger Kleanthes' als Oberhaupt der stoischen Schule. Er war ein Systematiker und legte als überragender Vollender des stoischen Systems den Grundstein dafür, dass seine Schule für Jahrhunderte die einflussreichste philosophische Richtung im griechisch-römischen Raum werden würde. Bekannt war er neben seiner dialektischen Subtilität, seiner Belesenheit in der älteren Literatur und seinem schulmeisterlichen und ungepflegten Stil vor allem auch durch seine vielen Werke – insgesamt über 700 Schriften, davon allein 311 zur Logik. Nach Diogenes Laertios soll er von allen griechischen Philosophen am meisten geschrieben haben.[28]

3. Von Griechenland nach Rom – die mittlere Periode der Stoa (ca. 150 v. Chr. bis Christi Geburt)

Im zweiten Jahrhundert v. Chr. führten zwei Momente zu einer tiefschürfenden Umgestaltung der stoischen Philosophie: Der scharfsinnige Akademiker Karneades enthüllte manche Schwäche in Chrysipps System; der Zeitgeist drängte zu den ‚alten Philosophen' zurück, deren sprachliche Kunst, großzügiges Denken und lebensnahe Urbanität neu erlebt wurde.[29]

Panaitios von Rhodos (etwa 180 bis 100 v. Chr.) entstammte einer wohlhabenden und politisch einflussreichen Familie, seine Vorfahren bekleideten hohe politische und militärische Ämter. In den Quellen finden sich unterschiedliche Angaben darüber, wer sein Lehrer war: Diogenes von Babylon, Diogenes von Seleukeia oder Antipatros von Tarsos. Um 150 v. Chr. ging er nach Rom und fand Zugang zum Umfeld des berühmten römischen Feldherrn Publius Cornelius Scipio, dessen geistiger Mentor er wurde. Panaitios war damit der erste griechische Philosoph, der unmittelbaren Einfluss auf die philhellenischen Intellektuellen im republikanischen Rom nahm und auf diese Weise den römischen Stoizismus begründete. Im Jahre 129 v. Chr. kehrte er zurück nach Griechenland und übernahm die Leitung der stoischen Schule in Athen. Er war von Platon und Aristoteles beeinflusst und wich in manchen Bereichen von der „Hauptlehre" der Stoa ab.[30]

Vermutlich aufgrund seiner Erfahrungen in Rom mit der römischen Mentalität formulierte Panaitios seine philosophischen Ansichten im Vergleich zu seinen Vorgängern deutlich lebensnäher.

Er erkannte die Bedeutung der Güter des alltäglichen Lebens wie Gesundheit, Wohlstand usw. für die sittliche Entwicklung des Menschen, und tat diese nicht als *adiaphora*, bedeutungslose Dinge, ab. Seine bemerkenswerteste Leistung war neben der Entfernung der orientalischen Mystik wohl die Milderung der Härten der altstoischen Ethik, wodurch diese erst praktisch anwendbar wurde. Der Mensch solle sich im Sinne eines erfolgreichen Lebens als sittliche Persönlichkeit aktiv zum Wohle der Mitmenschen betätigen und zugleich unbefangen die Güter des Lebens genießen.[31]

Von Panaitios' Werken ist bis auf ein Fragment nichts erhalten. Sein philosophischer Einfluss auf das römische Denken ist vor allem Cicero zu verdanken, der Panaitios‘ wichtigste Schrift, *De officiis* (Über die Pflichten), als Vorlage für sein gleichnamiges Werk, ein bedeutendes Lehrbuch mit großer Wirkungsgeschichte, benutzt hat. Panaitios‘ politische Ansichten wurden ebenso von Cicero in dessen Werk *De re publica* (Über die Republik) eingearbeitet und wirkten über Laktanz und Augustinus bis ins christliche Mittelalter.[32]

Der zweite wichtige Stoiker jener Epoche war Poseidonios (um 135 bis 50 v. Chr.) aus Apameia in Syrien. Er war Schüler des Panaitios und bekannt für seine späteren zahlreichen großen wissenschaftlichen Forschungsreisen – er studierte u. a. den Vulkanismus auf Sizilien, das Brauchtum der Kelten in Südfrankreich sowie die Gezeiten in Spanien. Er gründete auf der Insel Rhodos eine Philosophenschule, die weithin berühmt werden sollte. Neben seiner dortigen intensiven Lehrtätigkeit war er politisch äußerst aktiv – beispielsweise als Gesandter der Republik Rhodos. Darüber hinaus veröffentlichte er eine große Zahl von Schriften zu unterschiedlichsten Themen – über die Ethik, das Schicksal, die Götter, die Seherkunst, die Meteorologie, die Physik, das

Meer, die Seele sowie über die Geschichte seiner Zeit. Seine Werke wurden von späteren (v. a. römischen) Philosophen, Wissenschaftlern und Schriftstellern wie Cicero, Livius, Seneca, Strabon usw. als Quellen benutzt und überliefert. Von Poseidonios selbst ist, bis auf wenige Fragmente, nichts erhalten geblieben.[33]

Poseidonios war ein genauer Beobachter, der den Menschen als Teil der gesamten Natur sah, und für den die gleichen Gesetze gelten wie für den gesamten Kosmos. Er hatte eine durchdachte Vorstellung von der Welt als Organismus – die Sonne als das Herz, der Mond als Leber und beide zusammen wirken auf die Gestaltung der Erde wie auch auf Körper und Seele der Menschen. Die ganze Welt wird von der göttlichen Lebenswärme durchatmet. Diesen Gedanken übernahm später Seneca in seinen *Naturwissenschaftlichen Untersuchungen* (*Naturales quaestiones*). Poseidonios war ein überzeugter Anhänger der Astrologie, der Wirkung der Planeten und Sterne auf das menschliche Schicksal. Insgesamt stellte er mit „beachtlicher Eloquenz [... eine] systematische Zusammenschau“[34] des damaligen Wissens her und verband die (stoische) Philosophie mit den Einzelwissenschaften seiner Zeit. Überliefert sind uns seine Gedanken und Ansichten aus Ciceros *De divinatione* (*Über die Weissagung*) und aus Stabons *Geographika*.[35]

Kennzeichnend für diese Epoche der Stoa waren das Zurücktreten der Dialektik, in der Kosmologie das Einwirken des platonischen Timaios, in der Psychologie der Einfluss Platons und in der Ethik der Einfluss Aristoteles‘. Neben den üblichen Abhandlungen im Stil der Schule schrieben die genannten Stoiker auch Bücher in gewählter, pointenreicher Sprache für das gebildete Publikum.[36]

4. Stadt und Weltreich – die (späte) Stoa der römischen Kaiserzeit
(Christi Geburt bis 180 n. Chr.)

In der römischen Kaiserzeit entwickelte sich die stoische Philosophie an sich kaum mehr weiter. Ihre theoretische Grundlage war fertig ausformuliert, der Schwerpunkt lag nunmehr – typisch für die römische Mentalität--in der praktischen Anwendung, konkreten philosophischen Auseinandersetzung mit der Tugendlehre, mit ethischen Bestimmungen für die Würde des Menschen, mit pflichtgemäßen Handlungen nach dem Maßstab der Natur sowie einer Selbstbestimmung und Legitimation des ‚Lebens'. Hauptthemen der späten Stoa waren die Erziehung zur Tugend und die rechte Einsicht in die Seelenteile durch die Vernunft. Es begann nunmehr die Philosophie der Immanenz – Menschen und Götter hatten durch die Vernunft nun ein ‚gemeinsames Gesetz', den *logos*, der die Welt ordnete und strukturierte. Bereits Chrysipp formulierte das folgende zentrale stoische Postulat: „Vernunft ist in der Gesamtnatur am Werk; sie kommt in Vernunftwesen zu sich selbst. Die Götter und Menschen haben die Vernunft gemeinsam; dies ist, als *recta ratio* (rechte Vernunft), bezogen auf die Vorschrift, was zu tun und zu lassen sei, ein gemeinsames Gesetz."[37] Mit der Pflichtenlehre Ciceros wurde die Natur zu einem verbindlichen Maß, zum Gesetz, und bekam einen normativen, also maßgebenden moralischen Wert. Wirkungsgeschichtlich gesehen prägte diese Phase das Bild von der Stoa am stärksten. Es wurden in dieser Zeit jene Werke verfasst, die üblicherweise mit dem Begriff ‚Stoa' verbunden werden. Weite Kreise der Gebildeten in Rom konnten für die Stoa gewonnen werden, die sich geradezu zu einer Modephilosophie in der römischen wie auch griechischen Welt entwickelt haben dürfte. Überliefert sind uns die Schriften vor allem aufgrund der Popularität ihrer Verfasser sowie durch die positive Aufnahme ihrer Ethik durch das Christentum. Durch den Verzicht auf theoretische Themen und anspruchsvolle wissenschaftliche Darstellung erreichten die Werke einen hohen Verbreitungsgrad. Ein Großteil der Schriften der Spätstoiker verlangte vom Leser keinerlei philosophische Vorbildung. Vielmehr orientierten sie sich an konkreten Alltagsituationen und dienten als eine Art von Lebenshilfeliteratur – als „eine Art ethischer Religion des römischen Volkes“[38]. Mag sein, dass gerade das den Grund für die Anziehungskraft der Werke der späten Stoa bis zum heutigen Tage darstellt.[39] In der römisch-stoischen Philosophie wurden Tugend und Pflicht zur Lebensmaxime.[40] Die programmatischen Rückgriffe auf die ‚Alten' führten mit der Zeit zu einem unübersichtlichen Eklektizismus und Synkretismus, und die Grenzen zwischen Stoa, Akademie und Peripatos verflossen langsam, angebliche oder wirkliche Weisheit des alten Orients fand Interesse und Zulauf.[41]

Der früheste Stoiker jener Zeit, der bedeutende historische Wirkung innehatte, war der Aristokrat Lucius Annaeus Seneca (etwa 4 v. Chr. bis 65 n. Chr.). Geboren wurde er in Corduba in Spanien und zog später mit seinem Vater, einem berühmten Verfasser von Rhetorikbüchern, nach Rom, wo er von Stoikern wie Attalos und Sotion seine philosophische Bildung erlangte. Aufgrund seiner schwächlichen Gesundheit begann Senecas politische Karriere recht spät. Im Zusammenhang mit einer Verschwörung gegen Kaiser Caligula, wobei Senecas Rolle diesbezüglich bis heute nicht eindeutig geklärt ist, wurde er nach Korsika verbannt. Acht Jahre später rief ihn Agrippina, Mutter des späteren Kaisers Nero, als Erzieher für den jungen Prinzen zurück. Seneca oblag die Aufgabe, den zukünftigen Herrscher rhetorisch auszubilden, Reden für ihn zu verfassen und ihn bei öffentlichen Auftritten zu beraten. Als Nero 54 n. Chr. den Kaiserthron bestieg, war Seneca am Höhepunkt seiner politischen Karriere und Macht. Er war Konsul und ‚Kaiserlicher Rat' und führte sogar weitgehend und unermüdlich die Regierungsgeschäfte. In den beginnenden Sechzigerjahren verlor er an politischem Einfluss und zog sich schließlich ins Privatleben zurück. Trotz größter Vorsicht und Zurückhaltung lag auf ihm weiterhin das Misstrauen seiner politischen Gegner. Als im Jahre 65 n. Chr. eine Verschwörung gegen Nero aufgedeckt wurde, nannte ein Beteiligter Senecas Name als einer der Mitwisser, woraufhin er sich auf Befehl des Kaisers tötete. Seneca starb mit sokratischer Gelassenheit. Er verlieh dadurch seinen Werken mehr Überzeugungskraft als durch seine frühere, nicht selten zwiespältige Lebensweise.[42]

Seneca lebte und schrieb zu einer Zeit, als die altrömischen Tugenden als Leitlinien des Lebens immer wirkungsloser wurden. Genusssucht und leere Beschäftigungen, die bloß der Zerstreuung dienten, verworrene politische Verhältnisse, in die auch Seneca selbst verstrickt war, eine allgemeine Unrast, ein inneres Unbefriedigtsein, was die Konzentration auf das Wesentliche verhinderte, hatte die Menschen ergriffen. Das geistige Klima jener Zeit verlangte nach Halt, Orientierung und Hilfe bei der Bewältigung des täglichen Lebens. Seneca und viele seiner Zeitgenossen erhofften sich Hilfe von der Philosophie, die sie mit einem geeigneten Rüstzeug versehen sollte. Gemäß der Stoa konnten nur philosophisches Studium, gewissenhafte Selbstbetrachtung und ganz besonders das Einüben rechter Verhaltensweisen den Menschen zum Seelenfrieden führen. Sobald der Mensch einen Zustand des ungestörten und unzerstörbaren Seelenfriedens erreicht hat, kann er der Glückseligkeit näher kommen. Nach stoischer Lehre kann ein solches Leben nicht auf einem ichbezogenen Weg gefunden werden. Der Mensch als *animal sociale* (soziales Wesen) nimmt verantwortungsvoll helfend am Schicksal seiner Mitmenschen, besonders der notleidenden, teil. Vorrangig kommt es dabei auf die rechte Gesinnung, die Menschenliebe, an, wie Seneca in seinem Werk *De beneficiis* (*Über die Wohltaten*) schrieb.[43] Seine philosophiegeschichtliche Bedeutung verdankt er weniger seinen philosophischen Einsichten als vielmehr der Verbreitung der stoischen Gedankenwelt mit seiner erzieherisch-erbaulichen Wirkung im römischen Weltreich.[44]

Seneca war auch der erste Philosoph, der sich ausführlicher mit dem Gewissen (*conscientia*), das als Richter über das persönliche Verhalten urteilt, beschäftigte. Das mag die Ursache gewesen sein, warum seine Philosophie Eingang in das Christentum fand. In seiner Schrift *De ira* (*Über den Zorn*) berichtet er von seiner allabendlichen Gewissensprüfung. Dadurch machte er sich sein Ungenügen und die Notwendigkeit einer stetigen Arbeit an sich selbst bewusst. In der kurzen Spanne des menschlichen Lebens muss die Zeit möglichst sinnvoll genutzt werden, um ein möglichst hohes Maß an Vollkommenheit zu erlangen. Der Tod bringt dann schließlich den ersehnten Frieden, macht den Menschen frei von aller Knechtschaft, der Gedanke an den Tod verliert darum seinen Schrecken, es gibt keinen Grund, ihn zu fürchten.[45]

Das Idealbild eines stoischen Weisen war bei Seneca nicht mehr die Vorstellung eines von allem Menschlichen abgehobenen Zustands, sondern es schien nun zumindest annäherungsweise realisierbar. Man kann sich nunmehr auf den Weg begeben, ein *proficiens*, ein Vorwärtsschreitender, auf dem Wege zum Ziel (*telos*) des Lebens zu sein. Auf diese Weise hob Seneca den gar zu schlichten Gegensatz der alten Stoa zwischen dem Weisen und dem Toren auf. Nun gab es die Möglichkeit, sich zu vervollkommnen.[46]

Seneca war auch der einzige Philosoph der späten Stoa, der sich ausführlicher mit den Erscheinungen und Gesetzen der Natur beschäftigte. In den *Naturwissenschaftlichen Untersuchungen* (*Naturales quaestiones*) schrieb er seine physikalisch-kosmologischen Betrachtungen nieder. Diese sind letztlich Aussagen über den *logos* als weltgestaltendes Prinzip und dessen Wirkungen, und sie dienen dazu, Urteile über das sittlich rechte Verhalten zu fundieren. Ganz eindeutig wird der Zusammenhang zwischen der stoischen Grundforderung, im Einklang mit der Natur und dem *logos* zu leben, formuliert. Der Kosmos soll als lebendiges Geschöpf kennen gelernt werden, um die Geschehnisse auf Erden als gelenkt und wunderbar sinnvoll zu begreifen.[47]

Von Seneca ist uns eine größere Zahl an Traktaten überliefert, zu speziellen Themen (Über den Zorn, die Milde, die Wohltaten, den Gleichmut) sowie eine umfangreiche Briefsammlung und naturwissenschaftliche Schriften. Die Sage machte ihn zu einem Christen, weshalb er im Mittelalter und auch noch später viel gelesen wurde.[48]

Ein weiterer bedeutender, wenngleich auch recht wenig bekannter, Stoiker dieser Epoche war Gaius Musonius Rufus. Gründe hierfür sind einerseits, dass er selbst nach sokratischem Vorbild keinerlei Schriften verfasste, seine mündlichen Lehren wurden uns durch Vorlesungsmitschriften und Gedächtnisprotokolle seiner Schüler (Pollio, Lucios) überliefert, und andererseits, dass seine Texte, in denen es vor allem um die Nutzanwendung philosophischer Überlegungen für das alltägliche Leben ging, in der Überlieferung als nicht behandlungs- und übersetzungswürdig eingestuft wurden. Die philosophische Systematik trat bei ihm vollkommen hinter die praktischen Anweisungen zu einem rechtschaffenen, edelgesinnten Leben zurück. Musonius war ein ‚Populärphilosoph', er beschäftigte sich mit Themen, die weitgehend nicht zum üblichen philosophischen Kanon gehörten und vertrat diese mit sokratischer Radikalität. Er soll ein Stoiker von besonders lauterer Gesinnung gewesen sein. Philosophie war für ihn ein Mittel zur Tugend und bedurfte keiner Spitzfindigkeiten. Könige sollten Philosophie betreiben, Philosophen sollten bäuerliche Handarbeit als ideale Tätigkeit ausführen. Manche seiner Überlegungen erscheinen uns aber heute mitunter überraschend zeitgemäß. So erörterte er Prinzipien über geschlechtsspezifische Erziehung, „ob man Söhne und Töchter auf die gleiche Weise erziehen soll“[49] und verlangte, „dass auch die Frauen philosophieren sollen“[50], reflektierte bei der Beziehung zwischen Mann und Frau „über den Zweck der Ehe[51] und der Sexualität“, „über den sinnlichen Genuss“[52], „über die Ernährung“[53], „über die Kleidung“[54] sowie“ über den Gehorsam den Eltern gegenübe“r etc.[55]

Musonius wurde zwischen 20 und 30 n. Chr. in der etruskischen Stadt Volsinii geboren, gestorben ist er um 85 oder 108 n. Chr. Bei seiner philosophischen Ausbildung entschied er sich für die Stoa, deren Lehren er dann in Rom verbreitete. Dort soll er, dem Ritterstand angehörig, auch ein öffentliches Amt bekleidet haben, die Aufsicht über die Befestigungsanlagen. Im Jahre 65 konnte er nur knapp der Hinrichtung entkommen und wurde von Kaiser Nero auf die unfruchtbare Felseninsel Gyaros, eine der Kykladen, verbannt. Der Grund der Verbannung ist uns nicht genau überliefert, angeblich machte Musonius‘ Freimut auch vor dem Kaiser und dessen Gesinnungsgenossen nicht Halt. In seinem Exil nahm er die Lehrtätigkeit wieder auf, und bald schon fand er regen Zulauf aus allen Teilen Griechenlands.[56]

Die Verbannung wurde nach einiger Zeit wieder aufgehoben, und weiterhin blieb er den Machthabern seiner Zeit unbequem. Tacitus berichtet in seinen *Historien*, dass Musonius im Jahre 69 n. Chr. an einer Gesandtschaft des römischen Senats teilnahm, die die Anhänger Vespasians, die gerade Rom belagerten, zum Friedensschluss bewegen sollte. Während der Verhandlungen mischte sich Musonius unter die gegnerischen Soldaten und hielt ihnen einen Vortrag über ‚die Segnungen des Friedens und die Gefahren des Krieges'. Diese empfanden seine Predigt als Affront und begannen ihn zu hänseln und schließlich zu misshandeln. Nur wenig später, in den siebziger Jahren, wurde Musonius erneut verbannt, dann aber um 80/1 n. Chr. von Kaiser Titus zurückgerufen.[57]

Über sein Privatleben ist kaum etwas bekannt. Er war verheiratet und hatte zumindest eine Tochter. Geld war für ihn kaum von Bedeutung. Von Gellius ist uns folgende Anekdote überliefert: Ein Mann, der sich als Philosoph ausgab, bat Musonius um eine milde Gabe. Dieser ließ ihm daraufhin eine große Summe auszahlen. Als man ihm entgegnete, dass jener Mann einen zweifelhaften Ruf hätte, meinte er mit stoischer Überzeugung, dass ihm das Geld dann auch angemessen sei.[58]

Musonius vertrat eher die gemäßigte Position der Stoa nach Panaitios und Poseidonios. Aus den *Diatriben* Epiktets erfahren wir, dass ein gewisser Theaseas erklärte, dass er lieber getötet als verbannt werden wolle. Musonius entgegnete ihm, dass, falls er den Tod für das größere Übel als das Exil halte und ihn doch wähle, er töricht sei, sich für das größere Übel zu entscheiden. Halte er den Tod hingegen für das geringere Übel, wer habe ihm erlaubt, dieses zu wählen? Es sei besser, das Schicksal so anzunehmen, wie es kommt. Musonius teilte offensichtlich nicht die positive Einstellung anderer Stoiker zum Selbstmord.[59]

Barbara Rosenberger kommt in ihrer Betrachtung des Frauenbilds bei Musonius zum Schluss, dass seine Forderungen kaum etwas mit dem Öffnen von Schranken sowie einem Appell zur Selbstbestimmung der Frau zu tun hätten. Vielmehr betone er eine Hierarchie der Geschlechter, welche die Frau in eine untergeordnete Position dränge.[60]

Die Philosophie der Stoa wurde von Musonius zwar nicht um entscheidende Problemstellungen, aber um neue Perspektiven erweitert. Die mangelnde philosophische Abstraktion seiner Schriften und seine bodenständigen Aussagen („Lust und Unlust vergehen, das Gute und Schlechte aber bleiben bestehen.“[61]) sowie sein ausschließliches Interesse an der Lebenspraxis kann man ihm vorwerfen. Aber er verdient auf jeden Fall Beachtung wegen seines standfesten Charakters, seiner gelebten Selbstbeherrschung, Askese und Ausdauer, wegen der Fragen, die er stellte, wegen seiner Darlegung, dass Frauen wie Männer dieselbe Anlage zur Vernunft haben und nach derselben Tugendhaftigkeit streben sowie wegen seines – aufgrund seiner Konzentration auf die Praxis der Ethik – nicht unerheblichen Einflusses auf seine Zeit und das frühe Christentum.[62]
Musonius hatte einen Schüler, Epiktet, der einer der bekanntesten Stoiker werden sollte. Geboren wurde dieser als Sohn einer Sklavin zwischen 50 und 60 n. Chr. in Hierapolis in Phrygien, dem heutigen Pamukkale in der Türkei. Er wurde Sklave von Neros Leibwächter und Vertrautem Epaphroditos. Angeblich wegen dessen Grausamkeit kam Epiktet, sein Name bedeutet ‚der Hinzuerworbene‘, zu seinem lahmen Bein. Davon abgesehen wurde Epiktet, wie viele andere gebildete Sklaven zu jener Zeit auch, von seinem reichen Herrn mit einer guten Ausbildung bedacht. So wurde er Schüler des geachteten Stoikers Musonius. Nach seiner Freilassung begann Epiktet die Lehren der Stoa zu verkünden. Um das Jahr 90 wurde er, wie bereits Seneca und Musonius vor ihm, mit anderen Philosophen durch ein Dekret Kaiser Domitians aus Italien verbannt. Daraufhin ließ er sich in Nikopolis in Epirus nieder und gründete dort eine bald sehr bekannte Schule, welche er bis zu seinem Tode (um 138) leitete.[63]

In der Antike wurden Epiktet, seine fesselnden, aufrüttelnden Reden und seine Lehre hoch geachtet und verehrt. Kaiser Hadrian kannte den Philosophen persönlich und schätzte diesen auch überaus. Ebenso gehörte Marc Aurel zu Epiktets Bewunderern. Nach dem Urteil des heiligen Augustinus sei Epiktet der edelste aller Stoiker. Bezogen war das sicherlich auf Epiktets kynisch-asketische (vgl. *kyon* Hund; Kyniker) Lebensweise. Seine einzigen Besitztümer sollen eine Lampe aus Ton, ein Strohsack, eine Decke und eine Bank gewesen sein. Er lebte praktisch die Tugend der Bedürfnislosigkeit, die er in seiner Philosophie vertritt. Wie sein großes Vorbild Sokrates verzichtete Epiktet darauf, seine Lehren aufzuschreiben. Sein Schüler und Freund Flavius Arrianus, später ein Politiker und bekannter Biograph Alexanders des Großen, schrieb aber die ‚*Erörterungen*' (*Diatriben*) seines Lehrers wortgetreu mit. Dabei blieb der lebendige Charakter derselben, wie die Verwandtschaft zu den sokratischen Dialogen, erhalten. Noch bekannter wurde das *Handbüchlein der Moral* (*Encheiridion*), in dem Arrian in knapper Darstellung die wichtigsten Lehrsprüche Epiktets zusammenfasste. Im Gegensatz zu den *Diatriben* ist uns das *Handbüchlein* vollständig überliefert. Der Grund liegt wohl auch darin, dass die frühchristliche Kirche diese Schrift zur moralischen Unterweisung heranzog und die Verbreitung unterstützte. Epiktet hielt seinen Unterricht nicht in der klassischen griechischen Hochsprache, sondern in der griechischen Umgangssprache (Koine), sodass er in seiner Sprache schlicht, anspruchslos, aber auch eindringlich, drastisch und authentisch wirkt.[64]

Inhaltlich orientierte sich Epiktet in seiner Lehre an der älteren Stoa sowie der Kyniker und knüpfte an die geradlinigen Aussagen Zenons und Chrysipps an. Sein Hauptinteresse lag jedoch fast ausschließlich in der Ethik. Die Logik sah er als basales Instru-

ment des wissenschaftlichen Denkens an und widmete ihr daneben einen entsprechend größeren Platz.[65]
Wie bei anderen Philosophen auch sind die Gedanken Epiktets nicht unabhängig von den allgemeinen Zeit- und besonderen Lebensumständen. Sein Sklavendasein hat merkliche Spuren in seiner Lehre hinterlassen. Seine Armut war hingegen ein Ausdruck seines Entschlusses, sich auf das Wichtige im Leben zu konzentrieren. In Senecas Lehre findet man nicht wenige Ausführungen, die auf seine bedeutende gesellschaftliche Stellung hinweisen. In Marc Aurels *Selbstbetrachtungen* dreht es sich häufig um die Gefahren und die Vergänglichkeit der Macht. Epiktet konzentrierte sich in seiner Lehre konsequent auf die Frage nach dem sittlich rechten Leben. Er war kein Philosoph, der nach der Wahrheit forschte, er unterrichtete sie, weswegen seine Aussagen manchmal wie eine Predigt klingen.[66]
Der Kern von Epiktets Lehre ist die Einteilung (*dihairesis*) der Dinge in diejenigen, die in der Macht des Menschen liegen (wie Begierden, Triebe, Vorstellungen, Abneigungen), und diejenigen, die außerhalb seiner Macht liegen (wie Ansehen, Gesundheit, Besitz). Wenn sich ein Mensch nun freut oder ärgert, welchen Blickwinkel für die Dinge er einnimmt und welche Bedeutung er ihnen zumisst, das entscheidet er selbst in freier Selbstbestimmung und auf eigene Verantwortung. Genau hier zeigt ein Mensch seine Sittlichkeit – ob er sie fördert oder verfehlt. Der Mensch, der sich um die Entwicklung seines Inneren kümmert, ist frei und auf dem richtigen Weg sein Lebensziel zu erreichen. Belange wie Besitz, Ehre, Ansehen, Lust, Schmerz, Krankheit und Tod entziehen sich seiner ausschließlichen Verantwortung und sind darum sittlich gleichgültige Dinge (*adiaphora*). Um diese muss sich der Mensch nicht kümmern, und er darf sich von diesen auch nicht beeinflussen lassen. Das Schicksal entscheidet, ob diese Dinge auf ihn zu-

kommen. Der Mensch muss nur lernen, ihnen mit Gleichmut zu begegnen. Wer sein Leben an diese äußeren Dinge hängt, wird unglücklich werden, mit sich, mit der Welt und mit Gott hadern.[67]
Jeder Mensch trifft eine grundsätzliche Vorentscheidung (*prohairesis*), welche Dinge des Lebens er für die bedeutendsten hält. Jedweder muss sich entscheiden, was er für gut und richtig hält, und wofür er sich einsetzen möchte. Die richtige Vorentscheidung hat man dann getroffen, wenn man sich um die ‚eigenen' Dinge, die man beeinflussen kann, kümmert. Genau das ist die sittliche Grundentscheidung, die jeder Mensch treffen muss. Daraus ergeben sich für ihn die Wertmaßstäbe für sein Handeln und das Rechte zu wollen. Der Begriff des ‚Wollens' war für Epiktet von großer Bedeutung und bildete einen festen Standpunkt für seine Selbsterziehung. Jedem Menschen wohnt sein *telos* inne, dies bildet seine Identität. Die Grundforderung für den tiefreligiösen Epiktet war: Eins zu sein mit sich selbst – und damit schließlich mit dem göttlichen *logos*.[68]
Epiktet war ein Lehrer mit hohen Ansprüchen, der seinen Schülern ständig und unermüdlich seine Grundeinsichten, die entscheidenden Lebenswahrheiten zu vermitteln suchte. Er wollte, dass sich bei seinen Schülern die Kluft von theoretischer Erörterung und praktischer Lebensführung schloss. Der Mensch solle zum *pragma*, zur sokratischen Einheit von Erkenntnis und Handeln, gelangen. Doch mit dieser Forderung gelangte er, wie uns die Aufzeichnungen seines Schülers Arrian zeigen, nur zu oft an die Grenzen seiner Wirkung als Lehrer: Bitterlich beklagte darin Epiktet, dass es zwar viele (Schüler) gäbe, die seine Aussagen zur Lehre der Stoa nachbeten können, aber keiner ein Stoiker in der Lebenspraxis wäre.[69]
Über den letzten großen und bekannten Stoiker, Marcus Aurelius Antoninus, wissen wir recht viel, da er ein römischer Kaiser war.

Geboren wurde er 121 n. Chr., sein Vater war Marcus Annius Verus, seine Mutter Domitia Lucilla. Die Familie seines Vaters stammte aus Spanien, lebte aber schon seit Generationen in Rom und gehörte dem Senatorenstande an. Als Marcus noch ein Kind war, heiratete seine Tante Faustina den Antoninus Pius, der im Jahre 138 von Kaiser Hadrian adoptiert und damit zum Nachfolger designiert wurde. Als Friedenskaiser war Hadrian für Marc Aurel ein Vorbild, und dieser förderte die Erziehung des Jungen durch den berühmten Rhetoriklehrer Cornelius Fronto. Seine philosophische Ausbildung erhielt er von einer Reihe hervorragender Philosophielehrer wie Apollonius und Claudius Maximus. Den größten Einfluss auf sein Denken hatte, wie Marc Aurel später selbst schreibt, der Stoiker Iunius Rusticus. Von ihm lernte er, dass er ständig an der Bildung und Besserung seines Charakters arbeiten müsse, keine nichtigen Theorien aufstellen und keine beifallsüchtigen Reden mit rhetorischem und poetischem Wortgeklingel halten solle.[70]
Kurz vor seinem Tode sorgte Kaiser Hadrian noch dafür, dass Marc Aurel, den er besonders schätzte, von Antoninus Pius adoptiert und als Thronfolger bestimmt wurde. Daraufhin soll der sanfte und kränkelnde Marc Aurel in eine tiefe Depression gefallen sein, eine Gemütslage, die ihn lebenslang begleitete, was auch später in den *Selbstbetrachtungen* immer wieder erkennbar wird.[71] Marc Aurels leiblicher Vater starb früh, doch mit seinem Adoptivvater Antoninus Pius verband ihn eine enge Vertrautheit. Im Jahre 145 heiratete er Antoninus' Tochter Faustina, mit der er angeblich mindestens zwölf Kinder gehabt haben soll, von denen allerdings nur zwei ihn überlebten. 161 bestieg er gut vorbereitet den Thron, da er bereits in den Jahren zuvor von Antoninus Pius als Mitregent eingesetzt worden war und zuverlässig und pflichtbewusst seine Aufgaben erfüllt hatte.[72]

Seine Thronbesteigung fiel jedoch in eine Zeit der Krisen – im Reich herrschten Epidemien, an den Grenzen gab es Kriege, die Wirtschaft lag darnieder, und die Völkerwanderung kündigte sich an. 170 mussten sogar die kaiserlichen Schätze zur Finanzierung weiterer Kriege veräußert werden. Als 178 die Markomannen die Nordgrenze bedrohten, musste Marc Aurel sich vor Ort um die Lage kümmern und verbrachte lange Jahre im dortigen Feldlager in Vindobonum (Wien), wo er 180 an der Pest verstarb.[73]

Bereits Seneca und Epiktet hatten großen Wert auf die Selbstbesinnung und Gewissensforschung gelegt. Marc Aurel wandte dafür eine neue Form an – die Zwiesprache mit sich selbst, die er in den wenigen ruhigen Stunden in Rom und in den Feldlagern durchführen konnte. Dabei erinnerte er sich ständig der stoischen Morallehren, dachte an seine Pflichten als Kaiser und Mitmensch, legte dafür Rechenschaft ab und begab sich mit unablässigen Ermahnungen immer wieder unter das Diktat der Selbstkontrolle, um mit Hilfe dieser Askese nicht zu ‚verkaisern'. Er führte über seinen Umgang mit Philosophie Buch und betitelte es mit ‚An sich selbst' (*Ta eis heauton*) – die gängige deutsche Übersetzung *Selbstbetrachtungen* trifft es nicht ganz, denn sie vernachlässigt die Aspekte der Selbstaufforderung und Selbstverpflichtung.[74]

Ein zentrales Thema seiner Texte ist der Aufruf an die eigene Person. Dabei lässt Marc Aurel den herrschenden Teil seiner Seele, die Stimme der Vernunft, sprechen. Diese repräsentiert das Göttliche im Menschen und sorgt somit für das Wissen um das sittlich Richtige. Die Vernunft spricht als Alter Ego zu ihm und fordert den Kaiser auf, die Prinzipien der Stoa in seinem Alltag zu verwirklichen – gemäß seiner Natur zu leben, der Pflicht zu folgen, im Handeln stets gerecht zu sein, Milde walten zu lassen, sich

der eigenen Vergänglichkeit bewusst zu bleiben, den Willen des Göttlichen zu vollziehen sowie trotz der törichten und fehlerhaften Handlungen anderer im Gleichmut Einklang zu finden und in Gleichmut zu verbleiben.[75]
Marc Aurel war, wie Seneca und Epiktet vor ihm, überzeugt, dass die ganze Welt einen einheitlichen, von Gott durchwalteten Organismus, in dem alles und jeder seinen Platz und seine Bestimmung/Vorsehung hat, darstellt. In der Welt ist alles beseelt, und die menschliche Seele ist ein Ausfluss der Weltseele, in die sie nach dem Tode eingeht, ihre schlechte Hülle, den Leib verlierend. Die Weltseele durchdringt alles und ist in den Einzelseelen das Unsterbliche. Der von der Gottheit vorbestimmte, notwendige Ablauf des Geschehens (*heimarmene*) kann vom Menschen, nicht aber vom Tiere, erkannt werden. Wer die rechte Gesinnung hat, erkennt, dass er das Schicksal als etwas Gottgewolltes hinzunehmen hat. Der Weise nimmt am Weltlauf teil und will nichts, als was die Vernunft will. Er ist mit dem Gegebenen vollends zufrieden und macht sich unabhängig von Äußerlichkeiten. Der Weise ist innerlich frei, lauter, ruhig, zufrieden in sich selbst, die Götter fürchtend, gerecht und menschenfreundlich in seiner Gesinnung. Voller Dankbarkeit, seinen Beitrag zum Lauf der Welt leisten zu dürfen, wie auch voller Vertrauen, dass die Gottheit ihm nichts Schlechtes will, soll der Mensch in seiner kurzen und vergänglichen Existenz auf Erden leben. Marc Aurel fordert: ‚Nütze die Zeit!' Jeder soll das erfüllen, wozu er bestimmt ist, denn dann hat das Leben Sinn, und man findet die Kraft, jedwede Aufgabe und sämtliche Probleme zu meistern.[76]
Seit dem ersten Druck seiner Schriften durch den eidgenössischen Humanisten Conrad Gesner im Jahre 1559 ist die Popularität Marc Aurels bis in unsere Tage ungebrochen. Das Urteil, er sei der ‚Philosoph auf dem Kaiserthron' gewesen, hat sicherlich

wesentlich dazu beigetragen. In Marc Aurel scheint sich Platons Utopie vom von Philosophen gelenkten Staat als ideale Form verwirklicht zu haben. Doch diese Idealität verschleiert gerade den Blick auf den Menschen Marc Aurel. Es zeigt sich hier, dass Popularität nicht einhergehen muss mit der wirklichen Bekanntheit von Leben und Werk einer Person. In diesem seltenen Fall bilden Leben und Werk tatsächlich eine unlösbare Einheit, und gerade die machte Marc Aurel für viele zum Vorbild.[77]

Die *Selbstbetrachtungen* hatte Marc Aurel eigentlich ausschließlich für sich selbst, nicht zur Veröffentlichung, bestimmt. Die Texte wirken darum oft schmucklos, wenig geordnet, ohne rhetorischen Glanz, dafür aber auch sehr authentisch. Sie sind ein hochgradig privates, schon intimes Dokument. Marc Aurel entblößt sich darin als ein einer stetigen Selbstkontrolle Bedürftiger. Die Texte dienten ihm wohl als moralisches Tagebuch und bezeugen sein Streben um das sittlich Gute. Er schrieb sie als Notizen vor allem im letzten Jahrzehnt seines Lebens im Heerlager auf, als wohl unentbehrliche Mahnung, als Appell, Rechenschaft und Hilfe für seine täglichen politischen und militärischen Entscheidungen. Das Büchlein trug er bei sich, als er starb. Die Texte wurden veröffentlicht als Zeugnis einer bedeutenden sittlichen Existenz und zur moralischen Stärkung der vielen Leser.[78] Er vollbrachte in der Rigorosität seiner Bemühungen um Selbstbeherrschung „eine der größten menschlichen Leistungen auf dem Kaiserthron".[79] Weinkaufs Urteil ist kritisch: Marc Aurels Bedürfnislosigkeit, seine Geradlinigkeit, sein Eintreten für die sozial Schwachen und Diskriminierten, wie auch seine Fähigkeit, eigene Schwächen zu erkennen sowie sein stetiges Arbeiten an der eigenen charakterlichen Entwicklung mögen als Vorbild dienen können. Er zeigt sich uns als hohe moralische Autorität. Doch auch seine Wertvorstellungen sind kritisch zu hinterfragen –

seine Fehleinschätzungen, Fixierungen und Übertreibungen. Bei allem Pflichtbewusstsein, aller (Selbst)Verantwortung und aller Gleichgültigkeit gegenüber den Dingen, die für das Gutsein oder für Verfehlungen belanglos sind, erkennt man in diesem Stoiker (auch) einen Getriebenen, dessen Leben kaum Heiterkeit ausstrahlt, der sich mit Todesgedanken anstelle einer Daseinsfreude beschäftigt.[80] Auch wenn Karl Christ pathetisch schreibt: „Seine Selbstbetrachtungen geben Zeugnis von seinem Wissen von der Vergänglichkeit alles Irdischen und der Gleichheit aller Freien"[81], scheint Marc Aurel keineswegs ein ausgeglichener und gelassener Weiser gewesen zu sein, sondern sein eigener seelischer Patient, der einer ständigen Behandlung mit stoischer Lebensphilosophie, energischen Selbstermahnungen und eines strengen ethischen Pflichtenkodex bedurfte.

5. Von der Philosophie zur Religion – die Stoa und das frühe Christentum

Da in den ersten Jahrhunderten der Kaiserzeit die Stoa mächtig in die Breite gewirkt hat, beeinflusste sie damit auch die sich entwickelnde christliche Philosophie – wenngleich auch die Voraussetzungen beider Philosophien unterschiedlicher nicht sein konnten: Vernunft auf der einen Seite, Glaube auf der anderen.[82] Zu den besonderen Stärken der Stoa gehörte nach Olof Gigon die „männliche Hochgemutheit" ihrer Ethik, die Gleichgültigkeit gegen jedwede äußeren Güter sowie ihre Vorsehungslehre, die sich zu frommer Hingebung in den Willen Gottes wandeln konnte. Schwäche zeigte sie hingegen in ihrer Unzulänglichkeit im Systematischen, besonders die Unklarheit ihrer Theologie wie auch die Dürftigkeit ihrer Anthropologie. Der Peripatos und der Platonismus waren in diesem Bereich deutlich stärker, sodass der Neuplatonismus aufsog, was in der Stoa an systematischen Gedanken (v. a. des Poseidonios) lebensfähig war.[83] Es war die Philosophie, die dem Christentum nach der theoretischen wie nach der praktischen Seite hin eine rationale und damit historisch widerstandsfähige Struktur verschaffte. Erst durch die stoische sowie neuplatonische Philosophie ist aus den Texten des Neuen Testaments eine systematische Theologie und eine kohärente, lehrbare und lernbare Ethik entwickelt worden, ein kompaktes System von Lebensregeln und Jenseitshoffnungen, mit klaren Vorschriften für das eigene Handeln in allen Lebenslagen, was wesentlich zum Erfolg des Christentums in und nach den Wirren der Völkerwanderung beigetragen hat.[84]

Im 3. Jahrhundert kam ein verstärktes religiöses Bedürfnis auf und löste bald das menschlich-ethische Bedürfnis der Stoa, ihren Rationalismus nach nüchtern-römischem Sinne mit seinen Pflicht- und Tugendidealen ab. Das Christentum übernahm vieles von der Stoa, die dabei jedoch zugrunde ging, und beerbte sie damit. Die griechische Vernunft-Natur wurde nun aber abgewandelt in die Schöpfung Gottes, Erkenntnis in Offenbarung, Sittlichkeit in Frömmigkeit. Gerade die philosophische Ethik der Soziallehre der späten Stoiker verschaffte der Stoa einen überragenden und andauernden Einfluss.[85] Ciceros *De officiis* (Über die Pflichten) wurde von Laktanz verwertet und häufig zitiert, Ambrosius, der Bischof von Mailand, der Augustinus zum Christentum bekehrte, setzte sich mit dem Buch auseinander und verfasste dann selbst ein Buch mit dem Titel *De officiis ministrorum* (Über die Pflichten der Priester), das an den Mailänder Klerus gerichtet war und als Lehrbuch eine Übertragung der ciceronischen Pflichtenlehre in die christliche Ethik darstellte.[86] Seneca und Epiktet wurden weiterhin als Erbauungsliteratur gelesen, und von diesen beiden ging dann wieder im 17. und 18. Jahrhundert eine Erneuerung der stoischen Haltung aus.[87]

Ein spezielles Thema stellt das Verhältnis zwischen Marc Aurel und dem Christentum dar. Vereinfacht könnte man sagen, dass die Kirche ihn vereinnahmt hat. Marc Aurel selbst hatte hingegen für das Christentum nichts übrig, positive Äußerungen dazu sind von ihm nicht überliefert. Er gab sogar zwei Erlässe zur Unterdrückung der frühchristlichen Bewegung heraus. Nichtsdestotrotz urteilte der Kirchenvater Augustinus, dass Marc Aurels Leben auch für Christen nachahmenswert sei. Manches an Marc Aurels Gedanken mag christlich anmuten, sicher nachweisbar sind starke Einflüsse der Stoa auf das Christentum, aber von einer inneren Verwandtschaft oder gar Übereinstimmung von stoischer Philosophie und christlicher Lehre kann keinesfalls gesprochen werden.[88]

Jesus Christus hat seine ethischen Forderungen in Aussprüchen formuliert, die der idealistischen Ethik der Stoa sehr nahe stehen. Dennoch sind sie aus einem ganz anderen seelischen Grunde erwachsen. Die unmittelbar aus dem Herzen quellende *agape* (christliche Nächstenliebe) war imstande, ganz andere sittliche Kräfte im Menschen zu wecken als die *oikeiosis* (siehe hinten) und die *philia* (Freundschaftsliebe), die aus dem Gefühl für die Verwandtschaft der Vernunftwesen entstehen sollte.[89]

Das Vorhandensein von verwandt anmutenden Sichtweisen belegt noch nicht zwingend den Einfluss der Stoa, sondern zeigt allenfalls nur, dass es ein vergleichbares geistiges Sich-Vertiefen in gewisse Fragestellungen gab, was zu ähnlichen Antworten bei christlichen und stoischen Denkern führte. Bei Paulus‘ Briefen an die Christengemeinden findet man jedoch eindeutige stoische Elemente wie Lebensregeln und Wertreihen. Die paulinische Vorstellung vom Gewissen, die im Alten Testament unbekannt war, hat möglicherweise auch stoischen Ursprung.[90]

Offensichtlich ist hingegen der Einfluss der stoischen Lehre auf die Apologeten und Kirchenväter. Der erste christliche Gelehrte, Clemens von Alexandria, stützte sich bei seiner Ethik der Ernährung in seinem Buch *Paidagogos* (Sklave) zum Teil wörtlich auf Musonius. Tertullians Darstellung *Über die Seele* erneuerte die Lehre vom *pneuma* und verteidigte gar die Mantik. Bei Cyprians Betrachtung *Über die Sterblichkeit* finden sich stoische Gedanken. Die Ethik des Boethius ist geprägt von der stoischen Philosophie. Und der bereits erwähnte Augustinus setzte sich immer wieder mit der stoischen Lehre auseinander – beispielsweise in seiner Polemik gegen den Freitod; auch sein Wahrheitsbegriff enthält stoisches Gedankengut.[91]

Der zum Christen gewordene Justin sagte über die Stoiker, dass sie durch ihre Ethik zeigen, „dass sie den Samen des göttlichen *logos* in sich tragen; aber sie irren in ihrer Lehre von den Prinzipien und vom immateriellen Sein". Um gerade diese Prinzipien entbrannte schließlich der Kampf, der über das Schicksal der Stoa entschied.[92]

Im dritten Jahrhundert hörte die stoische Schule auf zu existieren. Als hellenistische Philosophie ging sie zugrunde, weil der Geist des Hellenismus geschwunden war. Der Geist der Stoa aber lebte weiter, denn ihre logischen Erkenntnisse und Methoden, ihre religiöse Naturbetrachtung und ihre ethischen Grundsätze waren bereits seit langem derart in das Allgemeinbewusstsein eingegangen, dass die Nachwirkung gefestigt war, solange die Geisteskraft der Antike Bestand hatte. Von den älteren Stoikern gingen bis auf Kleanthes Zeushymnos alle Schriften verloren, aber die Kenntnis von den Lehren blieb im wissenschaftlichen Schulbetrieb und durch doxographische Handbücher (Sammlung von ‚Meinungen') erhalten.[93]

6. Aus Europa nach Amerika – die Stoa in Mittelalter und Neuzeit

Auf das Geistesleben im Mittelalter scheinen vorrangig Seneca und Cicero eine gewisse Wirkung ausgeübt zu haben. Franz von Assisi, dem Mystiker Eckhart und auch Dante dürften Senecas philosophischen Schriften bekannt gewesen sein. Thomas von Aquin hatte für sein Werk *Summa Theologica* (Summe der Theologie) Ciceros *De officiis* gelesen, ebenso Marsilius von Padua für sein Werk *Defensor pacis* (Verteidiger des Friedens), weiters Francesco Petrarca sowie Coluccio de Piero de' Salutati für seine moralphilosophischen Traktate. Insgesamt wird der Einfluss der Stoa auf das Mittelalter aber eher indirekt gewesen sein.[94]

In der Renaissance und im Humanismus mit der Hinwendung zur Antike wird die stoische Philosophie wieder reflektiert und erneuert. Es mag durchaus sein, dass die Menschen nach dem Zusammenbruch der mittelalterlichen Welt- und Werteordnung in ihrer von religiösen, wirtschaftlichen und politischen Krisen geschüttelten Welt wieder Orientierung und Halt in der Stoa fanden.[95] Paracelsus' Ruf für seine Wissenschaften ‚Zurück zur großen Lehrmeisterin Natur!' wurde zur Devise der gesamten Lebensführung, und die antiken Philosophen lieferten das Vorbild, dem man zu folgen hatte.[96]

Erasmus von Rotterdam und Giordano Bruno kommen in ihrer Naturphilosophie mit ihren Ansichten von der Stellung des Menschen im Kosmos und der Bedeutung der Vernunft zu Aussagen, die unverkennbar von der stoischen Lehre geprägt sind. Darüber hinaus rühmte Erasmus die ethischen Regeln Senecas und verbreitete in zwei Editionen dessen stoisches Gedankengut.[97] Rudolf Agricola, Francis Bacon, Hugo Grotius und Shaftesbury hatten sicher *De officiis* gelesen und wurden davon inspiriert.[98]

Sogar die reformatorische Bewegung griff auf die antike Philosophie zurück. Wenngleich die Stoa auch nicht wörtlich genannt wurde, kamen ihre Lehren bei Luther und Melanchthon, die beide Ciceros Schriften eifrig lasen und schätzten, vor.[99] Das gleiche gilt für die Aufklärer Voltaire und Kant, die beide von *De officiis* stark beeinflusst wurden.[100]
Von der Renaissance über die Aufklärung bis in die heutige Zeit sind die Auswirkungen speziell der stoischen Staats-, (Natur) Rechts- und Moralphilosophie auf die westliche Kultur und Zivilisation von nicht zu unterschätzender Bedeutung.[101] Nachweisbar ist stoisches Gedankengut beim Staatstheoretiker Jean Bodin, der in seinem Werk *Colloquium heptaplomeres* (Unterredung des Heptaplomeres) das stoische Bild vom Weltstaat wieder aufgreift. Justus Lipsius verfasste an der Universität von Leyden u. a. eine Einführung in die Philosophie der Stoa sowie ein Werk über die stoische Naturphilosophie.[102]
Spinozas Pantheismus weist große Ähnlichkeit zu dem der Stoa auf. Beide Lehren gehen von einer Allsubstanz aus, wobei sämtliche Dinge der Welt nur Weisen, Modi, dieser Substanz sind. Die Selbstbewahrung in Spinozas Ethik entspricht augenscheinlich der Selbsterhaltung der stoischen Ethik, wie auch in beiden Philosophien die Gesetze der Natur Seins- aber keine Sollensgesetze sind.[103]
In der deutschen Aufklärung findet man ebenso einige stoische Vorstellungen, vor allem der Ethik. Wolff und Reimarus fordern, dass jedwedes Handeln nach den Gesetzen der Natur auszurichten sei, Crusius verlangt, dass ein Leben aus der Pflicht heraus geführt werden solle.[104] Für Kant war das stoische Prinzip der Apathie ein korrekter und erhabener moralischer Grundsatz, auch die Pflicht war bereits von der Stoa vorgebildet. Doch mit seinem Kritizismus beging er auch in der Ethik gänzlich neue Wege.[105]

Es verwundert keineswegs, dass der aufgeklärte Absolutismus des 18. Jahrhunderts die Eignung der Stoa für seine Zwecke erkannte. Friedrich II. von Preußen ließ Ciceros *Über die Pflichten* übersetzen, es sollte als Lehrbuch der Moral in den Schulen Verwendung finden.[106]

Im 19. Jahrhundert beschäftigte sich vor allem Hegel mit der Stoa. Er betrachtete sie in seiner *Phänomenologie des Geistes* unter dem Blickwinkel der Dialektik von Herrschaft und Knechtschaft.[107]

Im 20. Jahrhundert sah man die Stoa in der Regel als eine abgeschlossene philosophiegeschichtliche Epoche an. Trotzdem waren gerade im außerakademischen Bereich Auseinandersetzungen mit der stoischen Lehre zu beobachten. Uta Ranke-Heinemann bezog sich in ihrer polemischen Darstellung über das Verhältnis der katholischen Kirche zur Sexualität auf Seneca und Musonius. Der amerikanische Psychologe Albert Ellis gründete 1955 eine zumindest in den USA einflussreiche ‚rational-emotive Psychotherapie', die auf Epiktets Satz, nicht die Dinge, sondern die Vorstellungen von den Dingen beunruhigen den Menschen, basiert.[108] Doch auch im universitären Bereich fiel die Stoa nicht der Vergessenheit anheim, im Gegenteil: die Fragmente wurden neu übersetzt und mehrere Überblickswerke herausgegeben. Max Pohlenz listete darüber hinaus in seinem Stoa-Werk[109] über 140 weitere Werke, die Stoa bzw. Stoiker betreffend, auf, die zwischen etwa 1900 und 1972 veröffentlicht wurden. Andreas Schubert konstatierte 1994 in seinem Buch darum zu Recht: „Die stoische Philosophie [...] hat in den letzten Jahrzehnten eine radikale Neubewertung erfahren, die sich im Rahmen einer systematischen Auseinandersetzung mit der Hellenistischen Philosophie vollzogen hat."[110]

II. Wie, was, warum – das Wesen der stoischen Philosophie

Bevor wir in die inhaltlichen Details gehen, schauen wir uns an, wie die alten Stoiker selbst (ihre) Philosophie grundsätzlich gesehen und verstanden haben. Seneca schreibt dazu, dass die Philosophie die Liebe zur Weisheit und das Streben nach dieser sei. Die Weisheit sei, im Unterschied zur Philosophie, das vollendete Gut des menschlichen Verstandes. Die Philosophie könne auch verstanden werden als das Streben nach sittlicher Vollkommenheit, das Mühen um die Verbesserung des Geistes sowie das Verlangen nach rechter Einsicht. Die Philosophie sei der Weg, die Weisheit das Ziel – Letzteres ist das Ergebnis und der Lohn des Ersteren.[111]

Im stoischen Denken hängen Philosophie und Sittlichkeit eng zusammen. Beides wird sogar für untrennbar voneinander gehalten: eine Philosophie ohne Sittlichkeit sei genauso unmöglich wie eine Sittlichkeit ohne Philosophie, denn die Philosophie ist die Ausübung der Kunst tugendhaft zu sein, das Bemühen um Tugend als höchste Kunst, und zur Sittlichkeit gelangt man nur durch sie selbst. Die Philosophie ist darum selbst eine Tugend und ihre Teile sind ebenso viele besondere Tugenden.[112]

Über den rechten Zugang zur Philosophie schreibt Epiktet, dass dieser in der Erkenntnis der eigenen Schwäche und Unfähigkeit angesichts dessen, was notwendig ist, liege. Jeder glaubte, genug Vermögen zum Urteil zu haben. Man bediente sich all der allgemeinen Begriffe (gut, böse, schön, hässlich, sittlich, unsittlich usw.) und versuchte, seine Vorstellungen auf die einzelnen Fälle anzuwenden. Man ist davon ausgegangen, dass man genug eigene Vorstellungen habe, und man bildete sich ein, dass man die Begriffe richtig anwenden könne. Bei jeder Vorstellung, bei jedem Urteil mischt sich aber die persönliche Meinung mit ein.

Darum gibt es unterschiedliche Vorstellungen, Begriffe, Urteile und schließlich Streit.[113]

Für (stoische) Philosophen sind Meinungen (bloßes Meinen, bloßer Anschein) kein zuverlässiger Prüfstein. Sie verlangen nach einem höheren Maß, nach einem allgemeingültigen Maßstab. So schreibt Epiktet: „Und das ist Philosophieren: Maßstäbe untersuchen und festsetzen. Sich solcher Maßstäbe zu bedienen, wenn man sie erkannt hat, das ist die Aufgabe eines sittlich guten Menschen."[114]

Zur Anwendung der Philosophie schreibt Seneca, dass diese nicht aus Worten, sondern aus Taten bestehe. Philosophie solle nicht aus angenehmer Unterhaltung oder als Zeitvertreib betrieben werden, stattdessen bildet und gestaltet sie die Seele, ordnet das Leben, regelt die Handlungen und zeigt, was zu tun und zu lassen ist. Ohne die Philosophie könne niemand furchtlos und sorgenfrei leben. Zwar kann man das Unabänderliche nicht ändern, und gegen den Zufall kann man keine Vorkehrungen treffen, aber die Philosophie schützt uns, sie ermuntert uns, dem Schicksal und/oder Gott (ursprünglich Zeus/Jupiter) zu folgen und den Zufall zu ertragen.[115] Wer von den eigenen falschen Vorstellungen und Werturteilen befreit ist, gelangt schließlich zur Eudämonie (gutes Leben/Schicksal) als tugendhafte Unerschütterlichkeit/Seelenruhe (Ataraxie), zur Freiheit von Leidenschaften und Pflichten (Apathie) sowie zu weiser Vorsicht.[116]

Für Musonius ist die Philosophie nichts anderes als die Wissenschaft vom Leben. Männer und Frauen sollen am philosophischen Studium teilnehmen, der praktischen Anwendung im Leben wegen. Denn die philosophische Lehre hätte keinen Wert, wenn sie nicht zur Tugend der menschlichen Seele führte. Wer philosophisch gebildet ist, wird einsichtig denken und sein, er wird den Tod nicht für ein Übel halten und das Leben nicht für ein Gut.[117]

Für Epiktet ist es ein Gesetz des Lebens, das zu tun, was (aus) der Natur folgt. „Was der Natur gemäß ist, kann man daraus erkennen, worüber die Menschen untereinander einer Ansicht sind."[118] Jedes Handeln muss gemäß der Natur sein, und es soll nichts gebilligt werden, was der Natur widerspricht. Der Philosoph übt sich zuerst in der Theorie, weil diese leichter fällt, danach aber muss er sich zum Schweren begeben, zum Praktischen. Wer mit dem Philosophieren beginnt, muss zuallererst wissen, wie stark die Vernunft in der eigenen Seele ausgeprägt ist. Wenn man findet, dass sie noch zu schwach ist – um zu dieser Erkenntnis zu gelangen, bedarf man schon großer Einsicht – soll man sich wohl hüten und erst mit den einfachen Dingen der Philosophie beginnen. Bei theoretischen Problemen einen Anfänger, der Fehler macht, zu korrigieren, ist nicht so schwierig. Im praktischen Leben hingegen lässt sich niemand gerne zurechtweisen, auch wenn er die größten Fehler begeht. Darum solle man kein Leben führen, ohne es laufend einer Prüfung zu unterziehen.[119] Ergänzend hierzu Marc Aurels Worte: „Des Menschenlebens Zeit [ist] nur ein Punkt", sein Wesen verändert sich ständig, seine Empfindungen sind dunkel, seine „Seele ein Wirbel", sein Leib vergänglich, sein Ruf ungewiss und sein Schicksal unerforschlich. Alles, was den Körper angeht, fließt dahin, und die Seele ist erfüllt von „Traum und Rauch". „Das Leben ist ein Kampf" und der Ort unserer Wanderschaft, der Nachruhm aber ist Vergessenheit. „Einzig und allein die Philosophie", die Hinwendung zur Weisheit, kann uns da sicher auf unserem Weg geleiten. Diese Weisheit besteht vorrangig darin, dass man seine Seele unbefleckt und unbeschädigt hält, Schmerz und Lust besiegt, nichts dem Zufall überlässt, ohne Lüge und Verstellung ist, unabhängig verbleibt und willens

ist, jedwedes Schicksal von dort anzunehmen, von wo wir selbst gekommen sind. Die Liebe zur Weisheit bedeutet schlussendlich auch, „in allen Lagen den Tod guten Mutes" zu erwarten und in ihm nichts anderes zu sehen, als die Auflösung der Stoffe, woraus wir zusammengesetzt sind. Alles geschieht gemäß der Natur, und „nach dem Lauf der Natur aber geschieht nichts Schlechtes".[120]
Es fällt auf, dass ausnahmslos alle bedeutenden Stoiker der Kaiserzeit die Hauptaufgabe der Philosophie in der alltäglichen Lebenspraxis sahen. Es ging ihnen nicht um anspruchsvolle und schwer verständliche Theorien, nicht um komplizierte Thesen und komplexe Erklärungen, nein, für sie hatte sich die Philosophie in der praktischen Anwendung, bei lebensweltlichen Problemen, im zwischenmenschlichen Zusammenleben, bei Schicksalsschlägen, bei der eigenen charakterlichen und sittlichen Vervollkommnung, bei der Erlangung eines guten und geglückten Lebens zu bewähren.

III. Nichts ist praktischer als eine gute Theorie – wichtige Begriffe und Konzepte der stoischen Philosophie

Die stoische Philosophie verfolgte zwar hauptsächlich praktische Ziele für die Anwendung im alltäglichen Leben, doch sie verfügte auch über ein umfangreiches und komplexes theoretisches Fundament mit speziellen Fachbegriffen und Verständniskonzepten. Wie keine andere antike Philosophenschule betonte die Stoa die organische Verbindung ihrer Disziplinen (Ethik, Dialektik, Physik, Rhetorik und Logik).[121] Die Menschen (und auch Philosophen) der (griechisch-römischen) Antike hatten ein völlig anderes Weltbild als wir heute. Es war kein verwissenschaftliches Weltbild, nicht aufgeteilt in einzelne Fachbereiche, es gab keine moderne Trennung von Religion und Wissenschaft, Glaube und Wissen, Mythen und Fakten, Geist und Körper usw. Im Gegenteil, es war ein gesamtheitliches Weltbild, die Welt war eine Einheit aus allen Teilen. Die leblosen Dinge, die Pflanzen, die Tiere, die Menschen und auch die Götter waren allesamt Teile der Welt, der Natur, des gesamten Kosmos. Dies ist ein Ansatz, wie wir ihn heute auch bei fernöstlichen Religionen und Philosophien finden, die für viele Menschen in der westlichen Welt aufgrund dieser Eigenheit eine starke Anziehungskraft haben. Zur Erklärung dieses Weltbildes entwickelten die zahlreichen alten Stoiker eine Fülle an unterschiedlichen Lehren. Dabei gebrauchten sie bzw. dazu erschufen sie eigene Begriffe sowie Konzepte, von denen im Folgenden die wichtigsten gemeinsamen und charakteristischsten erläutert werden sollen. Für die Anwendung in der Lebenspraxis sind die Erklärungen und Erörterungen auf den nächsten Seiten nicht nötig, allerdings ermöglichen sie ein tieferes theoretisches Verständnis der stoischen Philosophie.

Ethik

Die Ethik ist eine philosophische Disziplin, die sich mit den Kriterien für gutes und schlechtes Handeln sowie der Bewertung der Motive und Folgen jener Handlungen beschäftigt. Man kann die Ethik auch als praktische Philosophie oder als die Wissenschaft der Moral bezeichnen. Seneca gliedert die stoische Ethik in drei Bereiche.

1. Güter und Zuteilung. Was ist der Wert eines Gutes, eines Dings? Diese Wertsetzung erfolgt durch ein Urteil. Wie soll die Zuteilung von diesen Gütern erfolgen? Damit soll dem Verlangen nach Gütern Maß und Ordnung gegeben werden.
2. Triebe und Begierden. Diese sollen unterdrückt bzw. unter Kontrolle gehalten werden.
3. Handlungen. Diese müssen, unter Berücksichtigung und Übereinstimmung mit dem natürlichen Trieb (*impetus*) so gesetzt werden, dass man in all diesen Dingen mit sich selbst harmoniert.[122]

Alle diese drei Bereiche stehen in einem engen Wechselspiel zueinander. „Nur dann stimmt das Leben mit sich selbst überein, wenn sich das Handeln vom Trieb nicht entfernt, und sich der Trieb entsprechend dem Wert einer Sache stärker oder schwächer regt, je nachdem, wie es die Sache verdient, begehrt zu werden.“[123] Die Stoiker waren keine theoretischen, sondern praktische Moralisten. Sie analysierten zwar moralische Begriffe und Sätze, taten dies aber als Propädeutik (Vorübung, Vorbildung) zum Nachweis, wieso solche Begriffe und Sätze gültig und sinnvoll sind, und was wirklich die Prinzipien und Voraussetzungen eines geglückten menschlichen Lebens sind. Zwei Gedanken stehen im Zentrum der stoischen Ethik: 1. Nur über eine Erkenntnis der Natur sowie der Einrichtung der Welt kann man zur Einsicht von gut und schlecht gelangen. 2. Allein das sittlich Gute (Tugend und tugendhaftes Handeln) ist wahrhaftig, naturgemäß gut und genau das macht das Glück des Menschen aus.[124] Demgegenüber ist das sittlich Schlechte (schlechte Gesinnung, schlechtes Handeln) naturwidrig und negativ und führt somit weg von Tugend und Glück.[125] Es wurde weitgehend ein ethischer Radikalismus vertreten, dass die Glückseligkeit ausschließlich in der Tugend, in Abwesenheit jeglicher Laster, bestehe. Dieser unbeirrbare Tugendpathos, dass alle sonstigen Güter für nichtig erklärt werden, sorgte vorrangig für den geschichtlichen Erfolg der stoischen Lehre.[126]

Das (höchste) Gut(e)

Als zentrale These enthält die stoische Ethik, dass die in Begriffen nicht-graduierbarer Weisheit (d. h. es gibt bei der Weisheit keine Abstufungen, Weisheit hat man entweder ganz oder gar nicht) definierte Tugend und das aus ihrem Besitz heraus unmittelbar Gefolgte das höchste und alleinige Gute, alles andere hingegen nicht-gut ist. Diese gewaltig große Klasse (klassifizierte Menge) nicht-guter Dinge ist jedoch nicht ohne Unterschiede wertfrei oder gar vollkommen belanglos. Das Laster ist klarerweise etwas Schlechtes, alles andere aber hat, für sich selbst genommen, als indifferent (gleichgültig, unbestimmt) zu gelten: Macht, Schönheit, Gesundheit, Ehre usw. sind unbestimmt im Verhältnis zum höchsten Gut(en) (*summum bonum*) des Weise-seins. Zu nicht wenigen der grundsätzlich indifferenten Dinge hat der Mensch indes gemäß seiner Natur eine Zuneigung – das sind die naturgemäßen Dinge, die handlungstheoretisch ‚bevorzugten' Dinge bzw. die Dinge ‚mit Wert'. Deren Grundlage bildet für alle Lebewesen, so auch für den Menschen, von Geburt an das eigene Sein, die Liebe zu diesem Sein sowie das Auskommen mit den Dingen, die der Erhaltung seines Seins dienlich sind. Diese Grundlage ist die Basis für ‚das erste Naturgemäße'. Im Verlauf der natürlichen Entwicklung des Menschen stoßen weitere natürliche Triebe (Fresstrieb, Wissenstrieb, Sexualtrieb, Sozialtrieb usw.) hinzu, welche dann gemeinsam eine Vielzahl und ein Netz von artspezifisch wertvollen Dingen konstituieren.[127]

Logik, *logos*

Die Logik ist wiederum eine philosophische Disziplin und zwar die Lehre vom vernünftigen (Schluss)Folgern. Die (formale) Logik untersucht dabei die Gültigkeit von Argumenten in Anbetracht ihrer Struktur, und zwar unabhängig vom jeweils konkreten Inhalt der eigentlichen Aussagen. In der Stoa wurde die Logik vom Instrument zum wesentlichen Bestandteil des Systems. Zentral steht dabei (neben dem Begriff der Physis) der Begriff des *logos*, der, verstanden als menschliche Sprachfähigkeit, gestaltendes Prinzip (Ordnungsgesetz) des Naturgeschehens und alle Praxis leitende göttliche Weltvernunft, die unterschiedlichen Bereiche zur Einheit eines zweckmäßigen Ganzen verbindet.[128] Als Träger des *logos* wurde in der alten Stoa das Feuer verstanden, weil Leben und Wachstum an Wärme gebunden seien.[129] In der Antike existierte neben der aristotelischen Syllogistik (entspricht einem Teil der modernen Prädikatenlogik) eine ihr wissenschaftlich gleichwertige stoische Aussagenlogik. Der stoische Begriff der Logik ist jedoch ungleich weiter gefasst als der moderne. ‚*Logos*' bedeutete, als der eine Grundbegriff der stoischen Philosophie, sowohl Sprache als auch Vernunft. Sprache wurde dabei sowohl vom phonetischen, als auch vom semantischen Blickwinkel her betrachtet. Zur Logik gehörten die formalen Regeln des Denkens und des korrekten Argumentierens sowie die Teile der Sprache, durch die Gedanken und Argumente ausgedrückt werden. Logik und Grammatik kamen dabei in eine enge Parallelität. ‚Etwas wissen' hieß für einen Stoiker, eine Position behaupten zu können, die nachweisbar wahr ist. Darum gehörte auch die Erkenntnistheorie zur stoischen Logik. Als Wissenschaft vom rationalen Diskurs wurde die Logik in zwei Disziplinen aufgeteilt – in die Rhetorik und in die Dialektik.[130]

Rhetorik und Dialektik

Die Rhetorik ist die Kunst der Beredsamkeit (‚Redekunst') bzw. die Wissenschaft vom wirksamen Reden (vor großen Menschenmengen). Der Begriff der Dialektik ist vieldeutig und uneinheitlich. Hier, in diesem Zusammenhang, ist darunter die „Kunst der Unterredung" bzw. die Kunst der (wissenschaftlichen) Beweisführung zu verstehen. Die reich und originell ausgebaute Dialektik der Stoa ist prinzipiell ein sokratisches Erbe, wurde faktisch aber stark durch die Leistungen der Akademie Platons und des Peripatos (philosophische Schule des Aristoteles) beeinflusst. Besonders das System Chrysipps (s. v.) wird in seiner Differenziertheit dem aristotelisch-theophrastischen Organon (Sammlung der Schriften von Aristoteles und Theophrast) beinahe ebenbürtig gewesen sein.[131] Die Dialektik war für die Stoa die allgemeine Fachkunde der richtigen dialogischen Rede im Wechselspiel von Frage und Antwort. Im Speziellen gehörte zu ihr jedoch noch eine ganze Reihe weiterer Themen wie Grammatik, Semantik, formaler Logik, Stilistik, Poetik und vieles mehr. Die Rhetorik war in der Stoa die Fachkunde vom guten Sprechen in einer fortlaufenden Rede.[132]

Physik, *physis*

Unter Physik versteht man die wissenschaftliche Erforschung der Naturerscheinungen (‚Naturforschung'). Untersucht werden dabei die grundlegenden Phänomene der Natur, um deren Eigenschaften und Verhalten mittels Gesetzmäßigkeiten (‚Naturgesetze') zu erklären. *Physis* ist der zweite Grundbegriff der stoischen

Philosophie, und auch dieser muss im weiten Sinne verstanden werden, denn er schloss das Unbelebte, die Pflanzen und die Tiere sowie die Menschen und die Götter mit ein. In der Antike war es üblich, dass die Physik die Theologie wie auch die Naturwissenschaften beinhaltete. Die stoische Physik war spekulative Naturphilosophie, basierend auf Beobachtungen und Interpretation von Einzelphänomenen. Vorausgesetzt wurden dabei zwei als ewig unterstellte Prinzipien: ***hyle*** – das Passive, Leidende, Unbestimmte; *logos* – das Tätige, Formende, Belebende. Durch die Synthese von beiden Prinzipien entsteht das Weltgeschehen, ein ewiger Prozess der Weltentfaltung und Weltauflösung.[133]

Kosmologie (**Kosmos, Ordnung, Natur, Welt**)

Es kommt der Stoa nicht auf (natur)wissenschaftliche Erforschung des Kosmos (der Natur, der Welt) an, sondern auf die Einsicht, dass ein göttlicher Plan, eine göttliche Ordnung und Fürsorge alles durchwaltet und bestmöglich eingerichtet hat. Alles in der Natur ist durch die Gottheit vorausgeplant und unverbrüchlich vorausbestimmt, ebenso ist auch jede Einzelheit im Kosmos vollkommen zweckmäßig gestaltet. Diese beiden Aspekte wurden entschieden und bis zu den letzten Konsequenzen verfochten. Die Kosmologie im Ganzen beabsichtigt, als Erbauung und Mahnung, dass sich die Menschen in die göttliche Ordnung ohne Widerspruch einfügen.[134] Poseidonios stellte den Sympathiebegriff in den Mittelpunkt seiner Kosmologie. Unter Sympathie verstand er die Bewegung, die Wechselwirkung, die sogar zwischen den fernsten Teilen des Kosmos besteht.[135] In der Stoa wird die Welt im Ganzen als ein einziger Organismus betrachtet, der ein immanentes Prinzip des Werdens beinhaltet, das in seiner Wirksamkeit gleichzusetzen ist mit dem Prinzip der Gestaltung und Entwicklung jedes individuellen Organismus'. Die Betrachtungsweise ergibt den Unterschied zwischen *logos* und *physis*: Die *physis* sorgt für die Entwicklung eines Organismus' nach einem im Samen angelegten Plan, betont also den Bewegungsursprung. Der *logos* betont die Information, die diesen Prozess leitet. Das materielle Universum wird durch den *logos* bzw. das Feuer oder das *pneuma* durchdrungen, was dieses zu einer organischen Einheit zusammenbindet und die Kommunikation und Interdependenz aller Teile begründet wie auch die Selbstempfindung des Ganzen. Alle Dinge verdanken dem alles durchwaltenden *pneuma* ihre Gestalt und Eigenart, denn es durchdringt kontinuierlich die ganze *hyle*, wenngleich auch in unterschiedlicher Stärke und Reinheit. Dadurch wird der Stufenbau des Seienden begründet. Dieser ist so zu verstehen, dass das höher stehende Ding die Qualitäten der niederen Dinge in sich enthält und durch neue Qualitäten überbietet. Im anorganischen Bereich wird dieses Prinzip des Zusammenhalts und der Organisation *hexis*, bei den Pflanzen *physis* (im engeren Sinne), bei den Tieren *psyché* und beim Menschen *logos* genannt.[136]

pneuma

Jeder reale Gegenstand hat einen spezifischen und einen individuellen Charakter, der aus der besonderen energetischen Verfassung resultiert, in der sich das göttliche Pneuma im betreffenden Ausschnitt der Welt befindet. Gegenstände, die als bestimmte körperliche Dinge ausgemacht und bezeichnet werden, beinhalten ein kohärentes Spannungsfeld mit vom Zentrum zur Peripherie und wieder rückgewandter Bewegungsenergie, was die Konstanz, Eigenart und den Zusammenhalt des Dinges (ggfs. zeitlich beschränkt) bewirkt.[137] Nach Poseidonios ist *Pneuma*, das den gesamten Kosmos in Spannung hält, weswegen die einzelnen Teile voneinander abhängen und sich in gegenseitiger Affinität beeinflussen, bereits die Synthese von Geist und Stoff und Träger der Lebenskraft. Mit *Pneuma* als Kraft und Sympathie als Bewegung/ Wechselwirkung werden Phänomene wie Magnetismus sowie der Zusammenhang von Mondphasen und Gezeiten erklärt.[138]

Glück (*eudaimonia,* Eudämonie)

Es ist zu beachten, dass der stoische Glücksbegriff vom modernen Glücksbegriff insofern abweicht, als das griechische/stoische Glück kein Glücksgefühl, sondern ein geglücktes Leben ist, was von der Gunst des (sokratischen) *daimons* abhängig ist. *Daimon*/ Dämon bzw. *daimonion* bezeichnete bei den alten Griechen eine ‚Gottheit' bzw. ein ‚göttliches Wesen'. Sokrates bezeichnete auf diese Weise seine ‚innere Stimme', die ihn warnte, wenn er gerade etwas nicht Richtiges bzw. etwas gegen das Gute Verstoßendes tat. Allgemein verstand man unter *daimon* eine unbegreifliche Kraft, mit denen der Mensch Erscheinungen ‚erklärt', die er aus seiner gewöhnlichen Erfahrung heraus nicht versteht. Bei den Stoikern, Platon und Heraklit war der *daimon* im (in jedem) Menschen seine Eigenart, seine schicksalhafte Bestimmtheit. Erst im Christentum und im spätantiken Zauberglauben wurde der *daimon*/ Dämon mit der Nebenbedeutung des Bösen, Dämonischen, Unheimlichen belegt.[139] So erklärt sich auch der Begriff ‚eu-daimonia' – ‚eu' ist eine griechische Vorsilbe und bedeutet ‚gut'.

Das geglückte Leben wird in der stoischen Lehre als das letzte Ziel (das Endziel) des menschlichen Handelns im Ganzen sowie als der Gegenstand eines eigentlichen und impliziten Willens des Menschen verstanden. Das geglückte Leben ist das höchste Gut des Menschen. Dem wiederum entspricht ein stoischer Begriff des Guten, demzufolge Gutes formal zu deuten ist als gewisse Handlungen, die je einen Teil dieses höchsten Guten an sich haben. Es gibt viele einzelne konkrete Güter (Handlungen,

Verhaltensformen – als Voraussetzungen für ethische Werte) zum Glück. Das höchste Gut(e) jedoch ist nicht nur als allen diesen einzelnen Gütern übergeordnet zu verstehen, sondern es ist das abstrakte Ganze der einzelnen konkreten Güter. Darum ist das höchste Gut in Bezug auf alle diese Güter transzendent (d. h. die Grenzen jedweder möglichen Erfahrung übersteigend; den Bereich des menschlichen Bewusstseins überschreitend) zu nennen. Daraus folgt, dass Menschen sich konkrete Güter nur deshalb bewusst als Ziele setzen, weil sie innere Mittel zum Glück sind und weil Menschen implizit und ja eigentlich immer schon glücklich leben wollen. Der genannte eigentliche und implizite Wille stellt sich als ein überpersönliches und allen Menschen gemeinschaftliches Interesse dar, weil er bedingt ist durch das Gute, auf das er hin ausgerichtet ist. Die konkreten Güter sind ethische Pflichten, Handlungen, die der Mensch zu verrichten hat, obwohl er dazu keine persönlichen Gründe, die als solche ethisch sind, hat.[140]

Pflicht

Ebenso weicht der stoische Pflichtbegriff vom modernen Pflichtbegriff ab. Eine ethisch rechte Handlung wird gemäß der stoischen Lehre auch dann als objektiv richtig angesehen, wenn sie subjektiv, also nicht von allem menschlichen Interesse unabhängig ist. Der Grund dafür ist, dass für die alten Stoiker der Bereich des Ethischen mehr umfasste als wir heute unter dem Bereich des Moralischen (Moral, Sitte) verstehen. Die Stoa sieht ethische Normen nicht als ein unbedingtes, unausweichliches Sollen (kategorischer Imperativ) an. Das Gute wird nicht unbedingt gewollt, so es denn überhaupt gewollt wird. Ethisches wird nicht automatisch als Moralisches aufgefasst. Richtig ist nach der stoischen Lehre, was glücklich (vgl. anderer Glücksbegriff) macht. Ethische Normen sind in der Stoa somit ein bedingtes Sollen

(hypothetischer Imperativ), subjektiv bedingt durch den impliziten und eigentlichen Willen des (einzelnen) Menschen. Eine universale Verbindlichkeit der ethischen Gründe soll gerade dadurch ermöglicht werden, dass das Gute ein inneres Mittel zum Glück des (einzelnen) Menschen ist, sowie dadurch, dass alle Menschen eigentlich und implizit glücklich sein bzw. leben wollen. Der eigentliche und implizite Wille des Menschen ist folglich aber nicht subjektiv, sondern objektiv durch das Gute bedingt. Diese Relationalität des Guten beeinträchtigt aber in keinster Weise die Objektivität ethischer Gründe. Allein im Hinblick auf das überpersönliche Interesse jedes Menschen an einem geglückten Leben sind diese relational gefasst. Es wird nicht vorausgesetzt, dass moralische, rein objektive Gründe den Menschen zu ethischem Verhalten motivieren, denn die Vernunft des Menschen ist allein durch sich selbst gewiss nicht praktisch. Das heißt, dass die stoische Ethik nicht von einem übergeordneten moralischen Gesetz, sondern vom Glück des (einzelnen) Menschen und vom Guten für den Menschen handelt. [141]
Aufgrund dieser deutlichen Abweichung der Begriffe Glück und Pflicht wird jene innere Verbindung von dem, was ist (das Faktische), und dem, was die Norm, das Maß sein soll (das Normative) ‚ermöglicht, die für die eudämonistische Ethik der Stoa charakteristisch ist.[142]

Logos – Gott – Natur

Logos, Gott und Natur bilden nach stoischem Verständnis eine Einheit. Für den nach Glückseligkeit strebenden Menschen kann es kein schlimmeres Übel geben als innere Zerrissenheit. Darum ist es unbedingt nötig, in sich eins zu sein und sich gleich zu bleiben.[143] Natur und Gott sind eins (= theologische Naturauffassung; Pantheismus), der Mensch ist ein Teil der

Gott-Natur.[144] Gott ist als die lebendige Natur in Bezug auf alle innerweltlichen Dinge transzendent und kann vom Menschen nur als Ursache der göttlichen Weltordnung erkannt werden.[145] Alles Wirkliche und Wirkende ist körperhaft. Die wirkende Kraft im Ganzen der Welt (als geeinter Körper), das Prinzip der Weltgestaltung ist (die) Gott-Natur – sie ist der *logos*, das Ordnungsgesetz der Welt. Diese Kraft ist nicht etwas Immaterielles oder Abstraktes, sondern der feinste Stoff selbst. Sie durchdringt die gesamte Welt als ein allverbreiteter Hauch, sie ist die Weltseele bzw. die tugendhafte Weltvernunft. Jedweder Stoff ist eine Modifikation dieser göttlichen Kraft, und alles was ist, löst sich in ewigem Wechsel wieder auf in die göttliche (Natur)Kraft. Alles geschieht nach einer inneren und absoluten Notwendigkeit, und das absolut Notwendige ist gleichzeitig auch das absolut Zweckmäßige.[146] Das rechte Handeln, die Verantwortlichkeit und schließlich die gesamte Moralität des Menschen leiten sich aus dem *logos* ab. Wer der in der Natur innewohnenden Vernunft, dem Gesetz der Götter, gehorcht, wird die Harmonie des Ganzen nicht zerstören.[147]

Die Stoa formuliert damit erstmals ein konsequent pantheistisches Weltbild aus – Gott ist die eine Weltvernunft, die alles gestaltet. Das Vernunftgesetz ist der *telos* (Ziel, Zweck) der stoischen Philosophie. Die Welt ist also teleologisch (zweckmäßig; auf den *telos* bezogen) vollkommen durchstrukturiert. Die Natur, wie auch die Welt der Menschen, sind von göttlicher Vorsehung und Fügung bestimmt. Die Folge dieser göttlichen Weltverwaltung ist, dass das Gesamtgeschehen in der Welt eine vernünftige Ordnung darstellt, dass alle Ereignisse unausweichlich und ausnahmslos miteinander kausal (auf Ursache und Wirkung bezogen) verkettet sind, wodurch eine vollständige Erklärung und Rechtfertigung allen Geschehens möglich ist.[148]

Vernunft, Tugend

Die Vernunft des Menschen ist ein Abkömmling und Teil der göttlichen Weltvernunft, welche das Natur- und Weltgeschehen bestimmt. Darum heißt vernunftgemäß zu leben zugleich auch naturgemäß zu leben – und umgekehrt. Das transzendente Endziel des menschlichen Handelns ist ein Leben gemäß der Tugend.[149] Die Tugend (*àreté, virtus*) – das Wesen des Guten; die in sich selbst einstimmige Vernunft; das abstrakte Ganze der Teile als solches, während tugendhafte Handlungen an ihr teilhaben (und Mittel zum Glück sind); – ist das grundsätzlich einzige Hilfsmittel des Menschen, das ihm zur Erreichung der Glückseligkeit im privaten wie auch im öffentlichen Leben zur Verfügung steht. Die Tugend kann nicht durch die Sinne, sondern allein durch die Vernunft erkannt werden. Das Heranreifen der Vernunft im Menschen – der Säugling verfügt noch nicht über Vernunft, aber im Gegensatz zum Tier über die Möglichkeit zur Vernunft – vollendet dessen Natur.[150] Vernunft und Tugend sind das Wesen der Natur.[151] Die Entwicklung des ethisch rechten Handelns, die moralische Unterscheidung, was als gut und nützlich anzusehen ist, nennt die Stoa *prohairesis*. Die Prädikate Gut und Schlecht werden so zu Kriterien der Moralität.[152] ˢDie Tugend ist schön sowie alles, was an ihr teilhat.[153] Diese Zielformel, die ein geglücktes menschliches Leben in den von der Vernunft bestimmten Einklang mit sich selbst wie auch mit der göttlichen Allnatur setzen, lassen die Ethik der Stoa als „theologische Vernunftethik" erscheinen.[154]

Willensfreiheit, freier Wille

Trotz der durch göttliche Vorsehung und Fügung bestimmten Welt wird dem Menschen durch die Stoa eine Willensfreiheit, ein freier Wille zur eigenen Handlungsentscheidung zugestanden. Durch diese Auffassung, dass zukünftige Ereignisse durch ebendiese Vorbedingung eindeutig festgelegt sind (Determinismus) ergeben sich ethische Folgeprobleme. Gelöst hat die Stoa das durch eine differenzierte Ursachenlehre, die sich an der Praxis der Zurechnung orientiert – jemand wird für etwas alleinverantwortlich erklärt, einer Person wird eine gemeinschaftliche Verantwortung unterstellt oder eine untergeordnete Mitverantwortung zugeschrieben. Geleitet wird die Zurechnung durch den Gedanken, dass artspezifische und charakteristische Bewegungen und Zustände, die ein Ding hauptursächlich aufgrund der ihm eigenen immanenten (innewohnend; anhaftende Eigenschaft) Beschaffenheit bewirkt, von Geschehnissen an ihm mit starkem Zwangs- bzw. Widerfahrnischarakter zu unterscheiden und bei jeder Eigenbewegung einen immanenten Faktor sowie externe auslösende oder mitspielende Faktoren zu berücksichtigen sind. Dank dieser Unterscheidung kann die Stoa einerseits eine lückenlose Kausalverkettung jedweder Ereignisse konstatieren, andererseits jedoch auch die ‚Verantwortung' eines Dinges behaupten, für das, was es kraft der ihm eigenen Form und Dynamik in der Welt verursacht bzw. mitbewirkt.[155] Die ethische Forderung der stoischen Philosophie, das Ziel menschlichen Lebens lautet darum, aus Freiheit heraus, in bewusster willentlicher Entsprechung in Übereinstimmung (*homologia*) mit der Natur zu leben.

oikeiosis

Die Lehre von der so genannten *oikeiosis* (Zueignung; Selbstaneignung und Selbsterziehung durch Vernunft) war das Fundament der stoischen Ethik. „Unter oikeiosis versteht die Stoa einen Prozess, durch den ein Lebewesen schrittweise seiner selbst inne und dadurch mit sich selbst vertraut und einig wird,“[156] eine „Entwicklung der Sittlichkeit von den fundamentalen Naturtrieben bis zum Endziel des guten Lebens".[157] Das Wesen der *oikeiosis* ist nichts anderes als die subjektive Anerkennung dessen, was objektiv das Eigene des Menschen ist. „Sie ist die Eigensetzung des Guten bzw. die Ausrichtung des Menschen auf das, was seiner Natur gemäß ist."[158] Der Gegenstand der menschlichen *oikeiosis* ist (von Geburt an) das Gute – das vollendet Naturgemäße, das nicht durch die Sinne, sondern allein durch die Vernunft erkannt werden kann – so die Behauptung der alten Stoiker. Der Begriff des Guten entsteht im Menschen in Bezug auf eine besondere Vorstellung von etwas Gutem, die auf natürliche Weise aufgrund der *oikeiosis* entsteht als eine unbestimmte Ahnung. Der implizite und eigentliche Wille des Menschen ist gemäß der stoischen Lehre jener natürliche Trieb des Menschen (den jeder Mensch verspürt, das Gute zu erlangen), der sich aus seiner *oikeiosis* ergibt. Das ergibt den Ansatz zur inhaltlichen Bestimmung des höchsten Gutes und folglich des Endziels des menschlichen Handelns (als Grundbestimmung). Dieses ist ein für den Menschen naturgemäßes Leben, ein Leben gemäß der Tugend als ethische Pflicht des Menschen. Die Güte des Guten wird gemäß der stoischen Lehre bestimmt als Nützlichkeit (welche auch ehrenhaft und tugendhaft ist) – als die Eigenschaft, den Menschen glücklich leben zu lassen. Diese Eigenschaft wird als einfach angesehen, sodass die Güte des Guten nicht analysierbar ist. So kann zwar aus der Tugendhaftigkeit die Güte einer Handlung erschlossen werden, weil bestimmte Handlungen Güte als formales Merkmal aufweisen, aber von einer Rückführung von Werten auf Tatsachen kann keine Rede sein, gleichwohl der Mensch das Gute aufgrund von Tatsachen erkennen kann – diesen Anspruch erhebt die Ethik der Stoa. Insgesamt erfolgt auf diese Weise eine Verschränkung des Eudämonismus der stoischen Ethik mit der theologischen Naturauffassung der stoischen Physik – also eine Verschränkung des

Normativen und des Faktischen. Die Vollendung der Natur des Menschen durch die Tugend beruht zwar nicht auf Erfahrung (Empirie; empirisch), sehr wohl aber der Anfang jener menschlichen Entwicklung, die durch den (vollständigen) Erwerb der Tugend beendet wird.[159] Der springende Punkt im Argumentationsgang besteht dabei in der Betonung der Vernunftnatur des Menschen. Die natürliche Entwicklung derselben gipfelt in der Einsicht, dass die Selbstliebe des Menschen seine Erfüllung nicht in den naturgemäßen Dingen, sondern ausschließlich in der uneingeschränkten Liebe zum eigenen Vernünftigsein wie auch in der Vernunftqualität seines Handelns findet. Glück in vollendeter Harmonie mit sich selbst ist nur durch die Übereinstimmung mit der göttlichen Weltvernunft (*logos*) zu erreichen. Das Wesen der stoischen Tugend wird schlussendlich durch die definitive gedankliche und strebensmäßige Habitualisierung (Gewohnheitsbildung, Aneignung von Gewohnheiten) dieser Einsicht ausgemacht. Es ist also die Erkenntnis, die im Vordergrund des stoischen Konzepts des Guten steht. Die Umsetzung erfolgt durch vernünftige Einstellung, vernünftige Wahl sowie vernünftigen Umgang und Gebrauch mit bzw. von den naturgemäßen Dingen. Diese sind aber nicht bedingungslos zu erstreben, sondern bloß zu verfolgen, zu bewahren, zu nehmen, wenn sie sich anbieten. Der tatsächliche Erwerb, Besitz oder Verlust derselben ist für die Tugend und das Glück des Weisen ohne Bedeutung. Denn der stoische Weise ist frei von unsinnigen, weil auf der Verabsolutierung derartiger Güter und Übel gründenden, Affekten (heftigen Gemütsbewegungen) von Lust, Verlangen, Schmerz und Furcht, wie er auch mit einer unerschütterlichen heiter-gelassen-zuversichtlichen Gemütsverfassung versehen ist.[160]

IV. Von der antiken Theorie zur modernen Praxis – lebensphilosophischer Leitfaden zum rechten Handeln, zum geglückten Leben

Eine Lebensphilosophie ist im allgemeinsten Sinne jedwede Philosophie, die nach Sinn, Ziel und Wert des Lebens fragt. Besonders jene Philosophien gehören dazu, die sich vom (reinen) theoretischen Wissen abwenden und der unverfälschten Fülle des unmittelbaren Erlebens zuwenden. Speziell die späten Stoiker zählt man daher zu den Lebensphilosophen.[161]

Nachdem wir die bekanntesten alten Stoiker und ihre Werke bzw. ihr Wirken kennengelernt sowie einen detaillierten Einblick in ihre Welt, ihr Weltbild, ihren Zeitgeist und ihre Gedanken und Erklärungen erhalten haben, soll nun der nächste und – nach stoischer Ansicht – entscheidende Schritt getan werden: der Schritt in die Lebenspraxis, in die praktische Umsetzung der Theorie. Wie kann ich mithilfe der stoischen Philosophie ein geglücktes und gutes Leben erlangen?

Die großen Stoiker der Antike lehrten ihre Schüler nicht nur ihre Philosophie, sie lebten auch ihre Philosophie, sie gingen ihren Schülern als Vorbild voran und unterrichteten am praktischen Beispiel. Die Antike ist nun aber längst vergangen, die großen Stoiker sind schon lange tot, sie können uns heutige Menschen nicht mehr auf die genannte Weise unterrichten. Wir heute können nur mehr auf ihre überlieferten Schriften in toten Sprachen (Altgriechisch, Latein) sowie die zum Teil wenigen erhaltenen Fragmente zurückgreifen. Auch wurden diese Schriften vor knapp zweitausend Jahren niedergeschrieben, von Menschen aus einer lang vergangenen Zeit, von und für Menschen mit einem für uns heute fremden Weltbild und Zeitgeist. Doch die Themen und Zielsetzungen sind – wie wir gesehen haben – nach wie vor aktuell und gefragt; also zeitlos.

Von den alten Stoikern sind uns zahlreiche, untereinander ähnliche so genannte Telosformeln (Anweisungen zur Bestimmung des Zwecks bzw. des Endziels des rechten ethischen Handelns und des guten und geglückten Lebens) überliefert. Sämtliche dieser Bestimmungen sind Bestimmungen jenes Lebens, zu dem die Natur den Menschen führt, und das die Stoa bezeichnet als ein für den Menschen naturgemäßes Leben. Durch die Telosformeln sollte erläutert werden, wie die Bestimmung des Endziels des menschlichen Handelns als ein Leben in Übereinstimmung zu verstehen sei. Die Stoiker bestimmten das Endziel des menschlichen Handelns als ein für den Menschen naturgemäßes Leben – dies ist zu verstehen als eine Grundbestimmung, eine begründende Bestimmung für alle Telosformeln.[162] „Der Mensch lebt naturgemäß, indem er aufgrund der Erfahrung dessen, was von Natur geschieht, tugendhaft und mit sich selbst in Einklang das Naturgemäße ausliest; indem er gemäß den Ansätzen, die ihm die Natur verliehen hat, handelt; oder indem er der Natur nachfolgt und in Übereinstimmung mit ihr sein Leben lebt."[163] Die Rolle der Natur in der stoischen Ethik beruht, so Joachim Lukoschus, „letztlich auf der schon von Zenon selbst vertretenen Grundbestimmung jenes Endziels als ein für den Menschen naturgemäßes Leben."[164] Zenon nannte in seiner Bestimmung nämlich die Natur in keinster Weise, sie kam erst bei seinen Nachfolgern in die Telosformeln – die diese rein formale Bestimmung in eine materielle abwandelten und aus der Eintracht des Menschen mit sich selbst die Eintracht mit seiner Natur (der zweiten, der *logos*-Natur) und schlussendlich die Übereinstimmung mit der Allnatur machten. Zenon sprach allein von einem ‚Leben in Übereinstimmung' – ein Leben, in dem gehandelt wird gemäß einer Vernunft, die sich selber gleich ist und mit sich selbst in Einklang steht.[165]

Nach Cicero wurden drei Bedeutungen vom Begriff ‚ein naturgemäßes Leben' unterschieden. 1. Es ist ein Leben gemäß der Erfahrung dessen, was von Natur aus geschieht. Dies soll dem ‚Leben in Übereinstimmung mit der Natur' entsprechen. Ebenso soll dies einem Leben gemäß der Tugend entsprechen. Ein solches Leben besteht aus richtig verrichteten Handlungen. 2. Es ist ein Leben, in dem alle bzw. zumindest die meisten ‚zukommenden Handlungen' verrichtet werden. Entscheidend ist hier also nicht nur die Auslese, sondern das Erlangen und Genießen des Naturgemäßen. 3. Die dritte Bedeutung ist eine Vereinigung beider Bedeutungen.[166]

In der klassischen griechischen Antike wurde idealtypisch das Leben eines (politisch tätigen) Mannes, eines Vollbürgers einer *polis*, mit Handeln (im Sinne der *polis* als Gemeinschaft) gleichgesetzt. Durch Handlung – dazu gehörten auch die politischen Reden auf der *agora* (Marktplatz; politisches Zentrum einer griechischen Stadt) – durch Taten (sinnvolle, positive Aktivität) erwarb der Mann Ansehen und Wert, erst dadurch gewann das Leben eines Menschen seinen Wert, den es an sich so (noch) nicht hatte.[167]

In der stoischen Lehre wird rechtes Leben als rechtes Handeln verstanden. Leben bedeutet Handeln. Unter recht wird dabei naturgemäß, tugendhaft und pflichtgemäß verstanden. Die stoische Ethik kennt ausschließlich moralische Handlungsurteile (die Handlung ist der Urteilsgegenstand, ob etwas recht oder unrecht ist) und moralische Werturteile (das Handlungsmotiv ist der Urteilsgegenstand, ob etwas recht oder unrecht ist), axiologische (nicht moralische) Werturteile (die Handlungsfolgen) werden hingegen nicht berücksichtigt. Die Ethik der Stoa bezeichnet man somit als eine deontologische Ethik sowie eine Gesinnungsethik. Das rechte Handeln hat einerseits einen folgenunabhängigen Eigenwert, ist jedoch andererseits auch abhängig von den Motiven und Verhaltensdispositionen des Akteurs, die den Handlungen zugrunde liegen und sich in ihnen manifestieren.[168] Wenn also eine Handlung selbst ethisch recht ist sowie das Motiv für dieselbe ethisch recht ist, die Folgen aber ethisch schlecht sind, ist das gemäß der stoischen Ethik hinreichend, um insgesamt ethisch recht zu sein.

Gemäß dem Verständnis der alten Stoiker wird der Begriff der Natur den Begriffen von Gott und *logos* (Natur=Gott=*logos*) gleichgesetzt. Was ‚natürlich' ist, ist aufgrund dieser systemisch-konzeptuellen Gleichsetzung zugleich gottgemäß und zugleich vernunftgemäß.

Was aber bedeutet das für die einzelne Person? Wie soll die/der nach einem rechten, tugendhaften Leben Strebende die Natur finden, erfahren, verstehen? Bei der Stoa muss unterschieden werden – auch wenn die Stoiker selbst diese Unterscheidung nie explizit anführen – zwischen zwei Naturen. Einerseits gibt es die äußere *logos*-Gott-Natur, andererseits die eigene, innere Natur jedes Menschen. Die äußere Natur ist gemäß der Stoa gegeben und wird durch Vernunft erkannt. Die innere Natur des Menschen ist ein (kleiner) Teil der *logos*-Gott-Natur bzw. hat Anteil an ihr. Von der inneren Natur kann die Stoa keine konkrete und allgemeingültige Definition geben, weil jeder Einzelne seine Natur in sich selbst suchen und finden muss. Erst wenn man seine ureigene Natur gefunden und verstanden hat, kann man ein Leben in Überstimmung mit dieser (sowie mit der *logos*-Gott-Natur) führen. Epiktet verlangt zu Recht: „Denke nach, schau um dich, geh in dich, damit du erkennst, wer du bist."[169] Erkenne dich selbst! Die Selbsterkenntnis ist das Fundament für sämtliche ethischen Entscheidungen zum rechten Handeln, zum rechten Leben.

Jeder Mensch verfügt über drei Wahrnehmungssysteme (um seine innere Natur zu erkennen): 1. die geistige Wahrnehmung

– das Erkennen, 2. die körperliche Wahrnehmung – das Spüren, 3. die emotionale Wahrnehmung – das Fühlen. Diese drei Wahrnehmungssysteme funktionieren zwar unabhängig voneinander, sind aber dennoch eins im Menschen. Bei den meisten Menschen dominiert eines dieser Wahrnehmungssysteme, während die anderen beiden vernachlässigt werden. Kopflastige Menschen haben ihren Schwerpunkt in der geistigen Wahrnehmung, vernachlässigen aber oft ihre Gefühlswahrnehmung. Viel zu wissen, vieles geistig zu erkennen ist gut, aber um seine Natur im gesamten Umfang zu erfassen bzw. zu erfahren, werden alle drei Wahrnehmungssysteme gebraucht. Um sich zu verändern, um sein Leben nachhaltig zu beeinflussen, reicht ein Wahrnehmungssystem allein nicht aus, sondern es müssen mindestens zwei der drei eingesetzt werden. Man muss etwas selbst erfahren (geistig + körperlich, oder geistig+emotional, oder körperlich + emotional), dann erst ist es wirklich in einem verankert. Im besten Fall bzw. im Idealfall werden natürlich alle drei Ebenen, geistig + emotional + körperlich, gleichzeitig und gleichwertig eingesetzt.
Warum kennt und verlangt die Stoa nun aber noch Pflichten? Pflichten sind Mittel zum Zweck. Der Mensch lebt nicht allein, er lebt in einer Gemeinschaft, er ist Teil der Welt. Pflichten sind zu verstehen als Lebensregeln und -hilfen, um den Zweck zu erfüllen, die Tugend bzw. das tugendhafte Leben zu erlangen bzw. zu verwirklichen – für sich selbst und als Teil der Gemeinschaft. Die Vernunft gebietet es uns, unsere Pflichten zu erfüllen. Pflichten entspringen der Vernunft, der äußeren Natur wie auch der inneren Natur, originär also, da sowohl die Vernunft, als auch die innere Natur davon kommen bzw. Anteil daran haben, der *logos*-Gott-Natur. Pflichten helfen bei der Entscheidung, was bzw. auch wie etwas zu tun ist. Für den Einzelnen ist wichtig, dass Pflichten

dabei nicht als ein Zwang, als ein Müssen, aufgefasst werden sollen, sondern als ein Dürfen, sie sollen aus dem Innersten heraus gewollt werden. Die Anwendung von ethischen Regeln soll kein buchstabengetreues Pharisäertum sein, sondern ein tiefes und echtes inneres Bedürfnis.

Bei der Umsetzung von Pflichten in Handlungen sind nach Cicero dreierlei Fälle zu prüfen:

1. ob die Handlung bzw. das Motiv ehrenhaft oder schändlich (sittlich oder unsittlich) ist;
2. ob die Handlung bzw. das Motiv nützlich oder unnütz ist;
3. ob bei der Handlung bzw. bei dem Motiv ein Widerspruch zwischen Sittlichkeit und Nutzen besteht;[170]

Jede Handlung sowie jedes Motiv einer Handlung müssen jeweils auf diese drei Fälle geprüft werden. Die Prüfung sowie das darauf folgende Urteil erfolgen aufgrund der eigenen Wahrnehmung (vgl. drei Wahrnehmungssysteme) von Ehrenhaftigkeit bzw. Schädlichkeit, Sittlichkeit bzw. Unsittlichkeit, Nützlichkeit bzw. Unnützlichkeit. Pflichtgemäß handeln heißt, genau diese Überprüfung durchzuführen und entsprechend zu handeln. Eine Handlung bzw. ein Motiv ist gemäß der stoischen Ethik erst dann richtig/recht, wenn sie bzw. es ehrenhaft/sittlich und auch nützlich ist.

Sämtliche Handlungen und Verhaltensweisen eines jeden Lebewesens sollen in ihrer inhaltlichen Ausrichtung seiner Artnatur entsprechen, die ihm ‚zukommt'. Es ist ein Grundprinzip der Stoa, nur das zu wollen, was man auch kann. Wollen und Können sollen übereinstimmen, wobei dieses ‚Sollen' aus der Selbstbesinnung heraus kommen soll, nicht aus einer Fremdmahnung. Dieser Inhalt ist gemäß der *oikeiosis*-Lehre beim Menschen alles, was die Erhaltung und Entfaltung der spezifischen Natur des Menschen umfasst, und was sich hinsichtlich dieses Zieles grundsätzlich oder lediglich in außergewöhnlichen Umständen plausibel rechtfertigen lassen kann. Solche Handlungen können von jedem Menschen vollzogen werden, die sittlich guten Handlungen jedoch kann allein der Weise vollbringen. Das Unterscheidungsmerkmal ist dabei nicht ihr Inhalt, sondern das sie leitende Motiv und Wissen. Handlungen werden situationsgerecht, um des sittlich Guten selbst willen, ausgeführt – geleitet durch die richtige (gesunde) Vernunft (*orthos logos, ratio recta*) (des Weisen), die Teil der richtigen Vernunft Gottes und somit auch ein allen Menschen im Einverständnis gemeinschaftliches Gesetz der göttlichen Natur ist.[171] Dadurch, dass Gott als transzendentes Wesen von Natur verborgen ist und durch die menschliche Erkenntnis an sich nicht erfasst werden kann, ist es dem Menschen auch nicht möglich, die göttliche Natur als Grund seiner ethischen Pflicht zu erkennen, ja nicht einmal zu erschließen. Das sittlich Gute gebietet dem Menschen tugendhaft zu handeln und mahnt ihn, zu handeln, wie es ihm zukommt. Die Gebote und Verbote des Gesetzes sind also die richtigen Urteile einer wählenden richtigen Vernunft die Gegenstände von Trieben als mögliche Ziele von Handlungen. Der Mensch kann und muss durch Vernunft dem natürlichen Geschehen – als Auswirkung der göttlichen Vorsehung gesehen – entnehmen, wie er eigentlich und implizit zu leben und zu handeln hat. Die richtige Vernunft (*logos*-Gott-Natur) als Gesetz hat ihre Normativität nicht durch sich selbst, sondern sie kommt ihr vielmehr aufgrund der Verbindlichkeit dessen zu, was sie gebietet oder verbietet. „Das Gesetz begründet nicht, es bestimmt die Pflicht.“[172] So hat der Mensch zum einen die Pflicht, tugendhaft zu leben, weil ein solches Leben ihn als Menschen glücklich macht, und zum andern aber auch, weil ein solches Leben gut für das Weltganze ist, und weil es der richtigen Vernunft der göttlichen Natur gemäß ist.[173] Zwar verfügt jeder Mensch grundsätzlich über Vernunft, doch sie muss sich erst vom Säugling an fortentwickeln und findet durch den Erwerb der Tugend in der richtigen Vernunft des Weisen ihre Vollendung.[174] Alles ethisch gute, sittliche Handeln ist also nichts anderes als Selbsterhaltung und Selbstbehauptung. Sich selbst zu fördern heißt, wenn es im rechten Sinne geschehen soll, ebenso auch das allgemeine Wohl zu fördern. Jede Sünde und jede Unsittlichkeit ist nichts als Selbstzerstörung, Verlust der ureigensten Menschennatur sowie Krankheit der Seele. Das rechte vernunftgemäße und naturgemäße Begehren und Meiden, Tun und Lassen verbürgt allein das wahre Glück des Menschen. Rechtes Begehren und Meiden heißt jedoch, seine Innerlichkeit gegenüber allem Äußerlichen zur höchsten Kraft zu steigern, sich keinem Geschick zu beugen, sich durch keine (fremde) Macht brechen zu lassen. Die stoische Ethik ist noch heute lebendig, ihr entspricht das Erziehungsideal des typischen (englischen) ‚Gentleman'.[175]

Für die (eigene) Entwicklung zum glücklichen und sittlich guten Menschen ist die richtige innere Haltung, die dem Motiv der Handlung und der Handlung selbst vorausgeht bzw. zugrunde liegt, entscheidend. Nicht das bloße oberflächliche Ausführen von guten Handlungen ist von Wert, sondern die innere gute Haltung, die über gute Motive in guten Handlungen ihr Resultat findet. Der stoische Weise bewährt sich in der Welt durch eine richtig geleitete innere Haltung, durch Einsicht in die Urtriebe und das Beherrschen der Affekte. Die Stoiker verstanden das als eine Sorge um das Selbst bzw. als eine Selbstsorge – eine Pflicht, für die Entwicklung der rechten Vernunft und für die Wahrnehmung des eigenen *logos* (als Teil der *logos*-Gott-Natur) Sorge zu tragen – eine Ethik der Selbstbeschränkung, des Tuns der Wahrheit im Zustand der Tugend.[176]

Wie entsteht nun aber die richtige innere Haltung (für entsprechende Motive und Handlungen) im Angesicht der Natur, der Unabänderlichkeit des stoischen Schicksalsgesetzes? Die richtige innere Haltung als Selbstwerthaftigkeit verwirklicht sich im tugendhaften Handeln, welches mit Tapferkeit und Gerechtigkeit übereinstimmt. Man muss über einen entsprechenden Gerechtigkeitssinn verfügen sowie über den Mut, diesem gemäß zu handeln. Es geht hierbei auch vorrangig um den stoischen Freiheitsbegriff – Freiheit verstanden als innere Haltung, die eine Handlung im autarken Bewusstsein bestimmt. Das Bewusstsein um bzw. die Beachtung der Selbstverantwortung macht den handelnden Menschen im Wissen von sich selbst bereits zum Kriterium der Entscheidung. Wer sich als handelnde Persönlichkeit erkennt, besitzt somit für sein Handeln die entsprechenden Gesetze/Regeln – die sittlichen Begriffe und Ideale als Wissen.[177]

Der *logos*, die Harmonie des Ganzen, macht aus der Vielheit Einheit. Gut und böse/schlecht finden als Gegensätze in der Einheit ihren Sinn. Für den Menschen konstituieren sich Moral und moralische Handlungen aus Gegensätzen – Tugend und Laster. Der Mensch besitzt die Freiheit, die Fähigkeit, seine moralischen Handlungen als gut oder schlecht zu bewerten – gut aufgrund seiner ursprünglichen Natur, schlecht aufgrund einer Naturwidrigkeit, eines Mangels an Disposition.[178]

Der moralische Wert einer Handlung findet sich nicht in der Sache selbst, sondern in der rechten Wahl. Jeder Mensch verfügt von Natur aus über eine moralische Triebkraft, die Vorstellung von gut und böse. Je stärker diese Triebkraft im Menschen ausgeprägt ist, desto tugendhafter kann er handeln und desto häufiger trifft er die rechte Wahl. Es liegt in der Eigenverantwortung des Menschen, sittlich gut zu leben, wobei es einer moralischen Entscheidung, eines bewussten Wollens bedarf, gut zu werden. Die

Erziehung zur Selbsterziehung ist eine sittliche Leistung, basierend auf der Sorge um das eigene Vernünftigsein, in Übereinstimmung mit dem Naturgemäßen.[179]
Wie stark bzw. wie streng die Pflichten/Gesetze der Stoa bei sich selbst anzuwenden sind, hängt von der eigenen Natur ab. Wer von seinen Trieben beherrscht wird, muss viel mehr für seine Triebkontrolle tun, als jemand, der sowieso meist vernunftgeleitet durchs Leben schreitet und nur ab und an Affekte zeigt. Erst wenn der Mensch seine Stellung im Kosmos erkannt hat, vermag er in ethischen Belangen richtig zu entscheiden. Wer der in der Natur innewohnenden Vernunft gehorcht, wird die Harmonie des Ganzen nicht zerstören. Schlussendlich geht es um die Lebenspraxis, um Hilfestellung im Übel sowie um die Ausgeglichenheit der Seele bis hin zur Unerschütterlichkeit.
Für die sozialethischen und politischen Auffassungen der Stoa dient ihr als Ausgangspunkt der Hinweis auf den Sachverhalt, dass die Natur die Lebewesen nicht nur mit dem Trieb zur Fortpflanzung, sondern konsequenterweise auch mit dem Trieb zur Pflege der Nachkommen versehen hat. Aufgrund empirischer Beobachtung natürlicher Anlagen, Neigungen und Bedürfnisse des Menschen gingen die Stoiker davon aus, dass der Mensch von Natur aus zur Gruppe der Herdentiere gehöre und somit auf ein Leben in Gemeinschaft ausgerichtet und angewiesen sei. Die Teilhabe des Menschen an der Vernunft stiftet Gemeinschaft, gibt ihm ein verbindendes Gesetz des Handelns vor und privilegiert ihn zum vernünftigen Gebrauch alles Nichtvernünftigen.[180]
Gemeinsam mit den Prämissen der pantheistischen Naturphilosophie führte dieser Ansatz zur Idee eines Kosmopolitismus' (bzw. einer Kosmo-*polis*) – die Welt als ein gemeinsamer Staat von Göttern und Menschen, wobei alle einem ewigen, unabänderlichen Gesetz (der *logos*-Gott-Natur) verpflichtet sind.[181]

Am problematischsten in der Lebenspraxis ist wohl die Frage nach dem rechten Handeln, die in bestimmten Situationen zu ernsthaften Zielkonflikten in der Güterabwägung des Handelnden führen kann. Jedes menschliche Wählen hat angesichts elementarer Faktoren der *conditio humana* (Bedingung des Menschseins, Natur des Menschen) immer auch die Form eines Inkaufnehmens von unterschiedlich gewichtigen Übeln an sich. Jedes Ergreifen einer Möglichkeit ist in der Regel mit dem Verlust mindestens einer weiteren Möglichkeit verbunden. Ein Beispiel: Wer ins Theater geht, kann nicht gleichzeitig auch ins Fußballstadion gehen. Darum hat man für jedes Gut einen mehr oder weniger hohen Preis zu zahlen.[182]

Nach Sokrates ist der Grund allen Übels für den Menschen, dass er seine allgemeinen Vorstellungen nicht den konkreten anpassen kann – Beispiel: Man weiß um die Bedeutung der Fairness im Sport, foult aber im Einzelfall dennoch. Die Voraussetzung für eine sittliche Bildung sei daher die dialektische Schulung, die richtige Anwendung der Begriffe als theoretische Grundlage.[183]

Seneca ging von der moralischen Schwäche des Menschen sowie von einem moralischen Niedergang durch den (Kultur)Fortschritt aus. Er verlangte darum sittliche Strenge gegen sich selbst und Milde gegenüber den Mitmenschen.[184] Der Verstand hat dem Menschen geholfen, trotz körperlicher Unzulänglichkeiten im Evolutionskampf zu bestehen. Im Einklang mit der Natur zu leben und handeln heißt zwar auch, Nutzen aus der Natur zu ziehen, sie aber nicht zu zerstören.

Mithilfe der stoischen Philosophie ist es möglich, von der – wie die alten Stoiker es nannten – Torheit zur Weisheit zu gelangen – wobei der ‚Fortschreitende' aber noch immer zu den Toren zählt. Nach Seneca soll sich der weise Gewordene seines neuen Zustands zunächst nicht bewusst sein. Der Übergang zum Weisesein erfolgt plötzlich und stellt keine Anknüpfung an den vorhergegangenen Zustand.[185] Nach Epiktet ist derjenige ein (wahrer) Philosoph, der die philosophischen Lehren im Alltag, in der Lebenspraxis anwendet, danach lebt. Das allein sei das Große, das Erstrebenswerte, das Notwendigste, das Wichtigste. Wer die Lehren bloß erklären kann, ist kein Philosoph, sondern ein Schriftgelehrter oder Philologe.[186]

Nach dieser Vorbereitung und Einstimmung widmen wir uns im folgenden Kapitel den einzelnen stoischen Lehren und praktischen Übungen für den Lebensalltag.

V. Praktische Lebensweisheiten – stoische Lehren für Alltag und Lebenspraxis

In diesem Kapitel werden nun ausgewählte Weisheiten und Lehren der alten Stoiker zur Erlangung sowie zur praktischen Verwirklichung eines geglückten, guten und tugendhaften Lebens im Alltag sowie in speziellen Lebenssituationen präsentiert. Die einzelnen Lehrsätze werden darüber hinaus aber auch kritisch untersucht, damit jeder Leser selbst für sich entscheiden kann, welchen Weg zum Glück er auf welche Weise einschlagen will. Denn es gibt keine allgemeingültige Patentlösung, um alle Menschen einfach und schnell wahrhaft glücklich zu machen. Jeder Mensch muss seinen eigenen Weg finden und diesen beschreiten. In den vorangegangenen Kapiteln wurde der theoretische Hintergrund der stoischen Lehre beleuchtet – es ist hilfreich diesen zumindest im Überblick zu kennen, aber nicht notwendig. Man muss nicht (in allen Details) der Weltsicht der alten Stoiker anhängen, um mit den folgenden Praxistipps ein geglücktes und gutes Leben zu gewinnen.

Im thematischen Aufbau folge ich weitgehend dem Handbüchlein Epiktets, weil sein Werk systematisch, konzise und konsistent die Lehren der Stoa zur praktischen Lebensgestaltung darlegt. Ausgewählt wurden jene seiner Lehren, die mir für die heutige Zeit und den heutigen Bedarf am angemessensten und aktuellsten erschienen. Ergänzt werden die Ausführungen aus dem Handbüchlein durch die Ergänzungen aus seinen Unterredungen. Die Lehren Marc Aurels, Senecas und Musonius' ergänzten einerseits Epiktets Themenkatalog durch weitere Aspekte, andererseits wurde der Themenkatalog durch sie auch noch etwas erweitert.

Zur Vergegenwärtigung weise ich noch einmal auf die Basis der stoischen Ethik hin: Im Zentrum der philosophischen Überlegung steht die Frage, wie man leben soll und wie man glücklich leben kann. „Glücklich ist also ein Leben, welches mit seiner Natur im Einklang steht. [...] Von ihr nicht abzuirren und sich nach ihrem Gesetz und Beispiel zu bilden – das ist Weisheit."[187] Ein gutes Leben ist für die Stoiker ein Leben in Glück, wobei die Tugend das Wesen sowohl des Guten als auch des Glücks ist. Frei ist nur der Glückliche, glücklich ist nur der Tugendhafte. Ein naturgemäßes Leben in Tugend ist somit ein gutes und glückliches Leben.[188] Denn „zu nichts wirst du gezwungen werden, nichts wirst du nötig haben, frei wirst du sein, sicher, unverletzlich; nichts wirst du vergeblich in Angriff nehmen, an nichts wirst du gehindert werden; alles wird dir nach Wunsch vonstattengehen, nichts Widriges wird sich ereignen, nichts gegen deine Erwartung und deinen Willen."[189] Die eigene Entwicklung zur Tugend und die dazu notwendige rechte Einsicht durch Vernunft setzen entwickelte Moralvorstellungen mit ethischen Grundwerten wie einer Achtung der Freiheit, einer definierten Menschenwürde sowie einer rechten Urteilskraft voraus. Es gilt folgende Frage zu beantworten: ‚Wie stehe ich vor mir selbst und vor der Welt da?' Der selbst erkennende Mensch kann das Ziel der Eudämonie nur erreichen, wenn er sich selbst zum Richter wird. Das geschieht mittels (täglicher) Gewissensprüfung, Selbsterkenntnis und Gewissensurteils. Erkannt werden soll vor allem die Lebenslüge, dass alles in Ordnung sei.[190] Es ist nützlich und gut, regelmäßig in sich zu gehen, sich auf sich selbst zu konzentrieren, sich selbst und seine eigenen Anschauungen und Urteile zu hinterfragen, denn das schärft die Wahrnehmung von sich selbst und lässt eigene Mängel und Fehler erkennen. Erst wenn man diese entdeckt und bewusst gemacht hat, kann man den Weg zur Heilung und zur Freiheit beschreiten. Und der Weg geht über die eigene Vernunft, deren Gebrauch jeder in seiner Verantwortung hat. Vernunftgebrauch ist Dienst an der Philosophie, der schließlich zur Freiheit führt.[191] Voraussetzung für alle Entscheidungen im Alltag ist die Einteilung der Dinge nach ihrer sittlichen Bedeutsamkeit sowie die Frage, welche Güter erstrebenswert bzw. nicht erstrebenswert sind. Unbedingte und uneingeschränkte Werte an sich sind die sittlichen Güter, wie innere Unabhängigkeit, Leidenschaftslosigkeit, Selbstgenügsamkeit, Weisheit, Vernunft usw. Daneben gibt es die außersittlichen Güter wie die, die zu den nicht verfügbaren und letztlich gleichgültigen Dingen gehören. Das heißt aber nicht, dass diese außersittlichen Güter völlig wertlos sind – gesellschaftliches Ansehen ist der Ächtung genauso vorzuziehen wie Reichtum der Armut oder Gesundheit der Krankheit. Der Mensch soll sich aber davor hüten, sein Leben ausschließlich auf solche Güter hin auszurichten, da dadurch keine sittliche Vervollkommnung erreicht werden kann. Wenn außersittliche Güter zur Verfügung stehen, dann dürfen sie selbstverständlich genutzt werden, aber man muss unbedingt auch fähig sein, ohne jegliche innere Anstrengung auf sie zu verzichten. Man darf sich niemals von ihnen abhängig machen.[192]

Die praktische Umsetzung bzw. Anwendung von antiken Lebensweisheiten nach modernen Methoden stellt keinen Anachronismus dar. Einmal davon abgesehen, dass uns durch die Überlieferung kaum konkrete Anwendungstipps aus der Antike erhalten sind, wären diese wohl auch heute schwierig für uns umsetzbar, weil sie auf die damaligen Menschen mit ihrem damaligen Lebensumfeld abgestimmt sind. Die antiken Ratschläge und Weisheiten sind darum einzubetten in unsere moderne Lebenswelt, um sie nicht nur zu lesen und zu schätzen, sondern um sie in der Lebenspraxis wirklich umsetzen zu können, denn: „Es geht nicht darum zu diskutieren, welche Eigenschaften ein guter Mensch haben müsse, es geht darum, einer zu sein.“[193]

Im Anschluss an viele der Ratschläge finden sich Übungen zur Vergegenwärtigung und Verinnerlichung dieser Ratschläge bzw. Lebensweisheiten. Die Übungen dienen der Arbeit an sich selbst, am eigenen Charakter, an der eigenen charakterlichen Weiterentwicklung. Die meisten Übungen sind innerhalb des Zeitraums von einer Woche auszuführen. Ich empfehle, sich pro Woche allein einer Übung zu widmen und sich ganz auf diese zu konzentrieren, denn „Belastung ist für den Lernenden das Übermaß, nicht Unterrichtung“[194]. Wenn man für eine Übung länger als eine Woche Zeit braucht – mangels an Gelegenheiten zur Ausführung etc. –, kann man durchaus eine weitere Woche anhängen. Die Reihenfolge der Durchführung der Übungen entspricht der hier angegebenen Reihenfolge der Themen. Nachdem man Woche für Woche nacheinander sämtliche Übungen durchgeführt und eine Einschätzung gewonnen hat, welche Themen bzw. Übungen für einen selbst besonders wichtig/relevant sind, beginnt man von neuem mit den Übungen. Im zweiten Durchlauf können ruhige mehrere Übungen pro Woche durchgeführt werden. Ein Schwerpunkt ist auf diejenigen Übungen zu legen, bei denen man am meisten Entwicklungsbedarf hat. Die Durchläufe sind so oft zu wiederholen, bis man alle Übungen gleichzeitig innerhalb einer Woche durchführen kann. Durch die oftmalige Wiederholung sollte sich dann bereits eine Automatisierung der Selbstreflexion eingestellt haben. Besonders aber den eigenen Schwächen und Problemfeldern soll man nach wie vor bewusste Aufmerksamkeit schenken und diese laufend und intensiv bearbeiten.

Der Weg der Verinnerlichung, der Umsetzung der Lehre der stoischen Ethik, der Weg zur Tugend und zur Weisheit ist ein langer und steiniger. „Fordere von mir daher nicht, dass ich [als Fortschreitender schon] den Besten gleich, sondern dass ich besser als die Schlechten sei. Dies ist mir genug: täglich etwas von meinen Fehlern wegzunehmen und meine Irrtümer zu tadeln."[195] Man soll sich unbedingt Zeit dafür nehmen. „Verdaue sie [sic: die Lehrsätze] zuerst, dann brauchst du dich nicht zu übergeben [...]. Ob du sie verdaut hast, das muss eine Veränderung an deinem Wesen erkennen lassen."[196] Auch in unserer kurzlebigen Zeit gibt es keinen Crash-Kurs zur ethischen Vollendung, man wird kein Weiser übers Wochenende. Die Lehren und die Ratschläge mögen einen das ganze Leben lang begleiten, sie mögen als Rückhalt sowie zur Erbauung dienen, um zu sich selbst zu finden, und um möglicherweise ein besserer Mensch zu werden. „Der Philosophie musst du dienen, damit dir die wahre Freiheit zuteil werde."[197]

1. Wie man beginnen soll

„Es ist nicht so leicht, ein glückliches Leben zu erreichen. [...] Deshalb muss man sich als erstes vor Augen führen, welches Ziel man eigentlich erstrebt, sodann, wie man am schnellsten dorthin kommt. [Bei dieser] Reise täuscht gerade am meisten der Weg, der viel begangen wird. Deshalb haben wir auf nichts mehr zu achten als darauf, dass wir nicht wie das Vieh der Herde nachtrotten, also nicht den Weg aller gehen, sondern den, den wir gehen müssen. Nichts bringt uns in größere Übel, als wenn wir uns nach dem Gerede der Leute richten, indem wir das für das Beste halten, was allgemein als das Richtige angesehen wird, und nicht nach der Vernunft, sondern dach dem Beispiel anderer leben. [...] Immer glaubt man nur den anderen, und der fortgesetzte Irrtum und das Vorbild anderer treiben uns ins Verderben. [...] Wir werden geheilt werden, wenn wir uns nur von der Masse absondern."[198] Senecas erster Rat ist grundlegend und entscheidend, man muss sich im Klaren darüber werden, was man ‚eigentlich wirklich' will, und danach kann und soll man festlegen, wie man dieses konkrete Ziel zu erreichen versuchen möchte. „Zuerst musst du dir klarwerden, was du sein willst, dann musst du demgemäß handeln."[199] Sich einfach nur vorzunehmen, glücklich zu sein bzw. zu werden, ist zwar schön und gut, aber die Umsetzung bleibt dabei offen und unklar. Welcher Weg und wie der Weg zum Glück zu beschreiten ist, wird auf den folgenden Seiten konkretisiert. Um sein persönliches Glück zu finden, muss jeder seinen persönlichen Weg gehen. Die Lehren der Stoiker erlauben und ermöglichen es, dass jeder seinen persönlichen Weg finden kann, meine Erläuterungen unterstützen diese Methode noch.

Eindringlich warnt Seneca davor, einfach den Massen zu folgen, bloß auf die Meinung anderer zu hören. Keinesfalls darf man einfach fremdem Gerede oder gar Dogmen folgen. Sein persönliches und wahres Glück erlangt man nur, wenn man seinen eigenen Weg geht, auf die eigene Vernunft hört.

„Wenn es um das glückliche Leben geht, [...] traue nicht den Augen bei der Beurteilung eines Menschen. [...] Lass uns etwas suchen, das nicht bloß dem äußeren Schein nach gut, sondern gehaltvoll, in seinem Wert beständig und auf seiner verborgenen Seite noch schöner ist."[200]

Nur wenn etwas schön, gut, richtig aussieht, muss es noch lange nicht so sein. Die Augen, die Sinne können uns täuschen, einen Schein vorgaukeln. Den wahren Gehalt, den wirklichen Wert einer Sache erkennt laut Stoa nur die Vernunft – das war ein grundsätzlicher *topos*, ein vorgeprägtes Bild der griechischen Philosophie. Man soll nicht einem äußeren Schein nachjagen, sondern nach seinem inneren Wesen, seiner inneren Natur suchen. Dann kann man sein Glück finden und dabei in innerer Ruhe, ohne Hast und ständiges Bemühen, verharren.

Seneca legt bzw. allgemein die Stoiker legen großen Wert darauf, dass jeder selbst (für sich) denkt, reflektiert, überlegt. Vor dem

Handeln soll man überlegen, eine Entscheidung treffen und dann die Handlung fest und überzeugt durchführen.
„Unsere Frage richtet sich also darauf, wie der Geist immer in gleichmäßiger und glücklicher Bewegung verbleibe, mit sich in segensreicher Übereinstimmung stehe, sein eigenes Tun freudig betrachte und diese Freude nicht unterbreche, vielmehr in einem Zustand der Ruhe verharre, ohne je überheblich oder niedergeschlagen zu sein. Dieser Zustand wird die Ausgeglichenheit der Seele sein.“[201]
Hier spezifiziert Seneca die konkrete Zielsetzung, was das Glück nach stoischer Lehre darstellt, und auf welche Weise es grundsätzlich zu erlangen ist. Der angestrebte Glückszustand soll ein gleichmäßiger und dauerhafter sein; die Stoa strebt nicht nach kurzen Glückshochgefühlen, die nach kurzer Zeit wieder verschwinden, um dann erneut wieder hervorgerufen werden zu müssen. Man soll mit sich selbst in Übereinstimmung kommen, mit sich selbst eins sein, mit sich und seinem Tun. Es wird hier bereits angedeutet, auf was später noch im Detail eingegangen werden wird.
„Oft muss man [dabei] wieder zu sich selber zurückfinden. Das Gespräch nämlich mit andersgearteten Menschen verwirrt das innere Gleichgewicht, ruft Leidenschaften wieder wach und reißt alle Schwächen unseres Geistes und nicht ausgeheilte Wunden wieder auf. Dennoch muss man diese Verhaltensweisen verbinden und miteinander abwechseln lassen: Einsamkeit und Geselligkeit. Jene wird in uns die Sehnsucht nach den Menschen wecken, diese nach uns selbst, und es wird die eine das Heilmittel für die andere sein: die Einsamkeit heilt die Ablehnung der Menge, die Menge den Überdruss an Einsamkeit. [...] Man muss dem Geist [auch] Entspannung zugestehen. Mit frischer Kraft und Elan wird er sich erheben nach der Erholung. Wie man fruchtbare Felder nicht ausbeuten darf – rasch nämlich wird sie ununterbrochene Frucht-

barkeit erschöpfen –, ebenso wird dauernde Mühsal den Schwung des Geistes brechen. Ein wenig entlastet und entspannt wird der Geist seine Kraft erneuern. Es stellt sich auf unablässige Mühsale gleichsam Lähmung und Abstumpfung des Geistes ein."[202]

Jeder hat sein Glück in sich selbst verborgen, darum muss man zu sich selber zurückfinden. Man soll sich nicht von anderen Menschen verwirren lassen, wenn sie erzählen, wie sie ihr Glück gefunden haben. Das eigene persönliche Glück kommt aus einem selbst heraus, dazu braucht es aber ein inneres Gleichgewicht. Um dieses zu erlangen, braucht man in vernünftigem und ausgewogenem Maß Abwechslung durch Gegensätzlichkeiten wie Einsamkeit und Geselligkeit, Ruhe und Anspannung, Arbeit und Erholung, Action und Regeneration usw. Körper und Geist sollen aktiv und frisch bleiben, man soll beide regelmäßig fordern und aktivieren, ihnen aber auch ausreichend Ruhe und Erholung gönnen. Nach der täglichen Arbeit soll man sich Gelegenheit zur Entspannung geben. Nach einer harten Arbeitswoche soll man sich ein freies Wochenende in Muße gönnen. Wer im Büro arbeitet, soll zum Ausgleich an die frische Luft gehen. Wer in der Stadt lebt, soll zum Ausgleich in die freie Natur gehen. Wer in der Kälte arbeitet, soll sich Wärme gönnen usw. Alle Gegensätze sollen sich in einem möglichst ausgewogenen Verhältnis ausgleichen können; dafür soll man sorgen.

Seneca weist zum Abschluss auch noch darauf hin, dass man auf seinem Weg zum Glück auf seine Pflicht(en) der Gemeinschaft gegenüber nicht vergessen soll, da jeder ja auch Teil des Ganzen ist und entsprechend gehandelt werden soll. „Bei weitem am besten ist es daher, Muße mit Handeln zu verbinden, sooft ein tätiges Leben durch zufällige Hindernisse oder durch politische Verhältnisse unmöglich wird. Denn niemals sind uns alle Wege derart versperrt, dass nicht Raum für ehrenhaftes Handeln bliebe."[203]

2. Von dem, was in unserer Gewalt steht, und was nicht

„Von den Dingen stehen die einen in unserer Gewalt, die andern nicht. In unserer Gewalt steht unser Denken, unser Tun, unser Begehren, unsere Abneigung, kurz: alles, was von uns selber kommt. Nicht in unserer Gewalt steht unser Leib, unsere Habe, unser Ansehen, unsere äußere Stellung – mit einem Wort, alles, was nicht von uns selber kommt."[204]

Das ist eine grundsätzliche und zugleich wesentliche Lebensregel. Es gibt (scheinbar) so vieles, was uns aufregt, uns beeinflusst, uns Sorgen macht. Fast alles davon steht jedoch nicht in unserer Gewalt und nimmt dennoch einen so gewichtigen Platz ein unter den Dingen, die uns belasten.

Epiktet legt hier eine grundsätzliche Einteilung fest und reduziert die Menge an relevanten Dingen entscheidend. Nun erst ist eine Konzentration auf wenige relevante Dinge möglich. Dass die wenigen verbleibenden Dinge dennoch genug umfassen, um sich ein Leben lang damit zu beschäftigen, bleibt einmal dahingestellt. Die verbleibenden drei Dinge sind Dinge ethischen Belangens – Handlungen und Handlungsmotive. An diesen liegt es, ob wir tugendhafte Menschen sind oder nicht. Die geschiedenen Dinge sind vorerst Dinge, die ein reichlicher Quell für Sorgen der Menschen sind – körperliche Unzulänglichkeiten, materielle und immaterielle Besitztümer usw. Wenn man es schafft, diese als Sorgenquell auszublenden bzw. auszuschalten, wird nicht mehr viel verbleiben, was uns belasten könnte – so gesehen ein guter Rat.

Leib, Habe, Ansehen usw. kommen zwar nicht von uns selber, liegen aber zumindest mittelbar in unserer Verfügbarkeit. Der eigene Leib kann durch gezieltes Training in Form gebracht und durch Schönheitsoperationen sogar noch tiefgreifender verändert werden. Den eigenen Besitz sowie Reichtümer kann man durch entsprechende Arbeitsleistung vermehren, durch gezielte Aktionen kann ebenso auch das eigene Ansehen gesteigert werden. Unsere Gewalt über diese Dinge erstrecken wir jedoch nur mittelbar und indirekt, nicht so umfassend, auf jeden Fall aber auf eine andere Art und Weise als bei unserem Denken, Tun, Begehren und Abneigen. Und das wird auch der Grund sein, warum Epiktet diese Dinge voneinander scheidet. Er erklärt die Unterscheidung wie folgt:

„Was in unserer Gewalt steht, ist von Natur frei, es kann nicht gehindert und nicht gehemmt werden. Was nicht in unserer Gewalt steht, ist anfällig, abhängig, steht in fremder Hand und kann gehindert werden."[205]

Hierzu mag man entgegnen, dass unser Denken und Tun gar nicht so frei ist, sondern von Erziehung und Gesellschaft bestimmt bzw. abhängig ist. Die Geschichte zeigt uns, dass nur allzu oft von Obrigkeiten (Regierungen, Kirche usw.) versucht wurde, auf das Denken der Menschen Einfluss zu nehmen, unerwünschte Gedanken zu behindern und zu hemmen. Schlussendlich war dies aber nie von Erfolg gekrönt, denn auf das Denken kann niemand anderer unmittelbar Einfluss nehmen. Obrigkeiten können die Umsetzung der Gedanken, die Verbreitung von Gedanken in Büchern etc. verhindern bzw. hemmen, aber nicht was in den Köpfen der Menschen vorgeht – wenngleich auch einzelne oder gar viele Menschen durch Tötung vom Denken abgehalten werden können. Aber Epiktets Trennung ist eine grundsätzliche, er sagt ‚von Natur frei' – also grundsätzlich frei, von vornherein frei etc. Natürlich ist diese grundsätzliche Freiheit Einflüssen von außen ausgesetzt, dies ändert aber nichts an ihrer Freiheit per se.

Neben der grundsätzlichen (Natur-)Freiheit sowie der inneren Freiheit, gibt es auch noch die Freiheit im Denken und Tun. Bei Epiktet gehen letztgenannte Freiheit und die Verantwortung

Hand in Hand. „Frei ist [zwar] derjenige, dem alles nach seinem Willen geht und den niemand hindern kann." Aber Freiheit ist nicht unbeschränkte Willkür. „Wahnwitz und Freiheit sind nicht dasselbe." „[...] Freiheit [ist] etwas Schönes und Herrliches [...]. Wenn ich aber das will, was mir gerade einfällt, so ist das nicht herrlich, sondern sehr schlecht." Alle natürlichen Dinge geschehen so, wie sie geschehen müssen. Die Natur ist in sich konsistent und folgt einer inneren Logik. Alles, was man macht, soll man darum so machen, wie es geschehen muss. Man hat also zwar die Freiheit in allem Denken und Tun, doch auch von Vernunft heraus die Verantwortung für sein Denken und sein Tun – also nur für das, was einem eigen ist und in seiner Gewalt steht; nicht für mehr, aber auch nicht für weniger. „Sich bilden heißt demnach, alles so zu wollen, wie es geschieht." Um herauszufinden, wie etwas geschieht bzw. geschehen muss, soll man sein „Inneres mit den Vorgängen in Übereinstimmung [...] bringen, da ja die Dinge um uns so sind, wie sie sein sollen und von Natur aus so geworden sind."[206]

„Sei dir also bewusst: Hältst du für frei, was seiner Natur nach unfrei ist, und für dein eigen, was fremd ist, so wirst du viele Schwierigkeiten haben, Aufregung und Trauer, und wirst mit Gott und allen Menschen hadern. Hältst du aber nur das Deine für dein eigen und Fremdes für das, was es ist: fremd, so wird nie jemand dich zwingen, nie jemand dich hindern, du wirst nie jemandem Vorwürfe machen, nie jemanden schelten, nie etwas wider Willen tun. Niemand wird dir schaden, du wirst keinen Feind haben; denn nichts Schädliches trifft dich."[207]

Nachdem Epiktet im Absatz zuvor die Freiheit konstatiert hat, lehrt er den Leser hier die Anwendung in der Lebenspraxis. Neben der gesetzten Freiheit bzw. Unfreiheit der geschiedenen Dinge gibt es noch die gedankliche Haltung der Menschen zu diesen

Dingen. Der Seinszustand der Dinge muss erst ins Bewusstsein der Menschen eindringen, damit entsprechend damit umgegangen werden kann. Epiktet formuliert hier einen Leitfaden für eine stoische Lebensmaxime.

„An unvollkommene, durchschnittliche, gar nicht recht verständige Menschen richtet sich meine Darlegung, nicht an den Weisen. Er braucht nicht ängstlich und vorsichtig daherzukommen: so groß ist ja sein Selbstvertrauen, dass er ohne Bedenken dem Schicksal entgegentritt und nie vor ihm den Posten aufgibt. Er weiß keinen Ort, wo er es zu fürchten hätte, weil er nicht nur [...] Landbesitzungen und gesellschaftliches Ansehen, sondern auch seinen Körper, Augen und Hand und alles, was sein Leben kostbarer macht, und sogar seine eigene Person unter die ‚Güter auf Abruf' zählt: er lebt aus dem Gedanken, das Dasein sei ihm geliehen und auf Rückforderungen werde er es ohne Betrübnis zurückgeben. Er fühlt sich nicht deshalb wertlos, weil er weiß, er gehöre sich nicht selbst, sondern er wird in allem so sorgsam handeln, so umsichtig wie ein [...] gewissenhafter Mann über seiner Verlässlichkeit anvertrautes Gut wacht. Wenn ihm aber befohlen wird, es zurückzuerstatten, dann wird er nicht mit dem Schicksal hadern, sondern erklären: ‚Dank sage ich für den Besitz und die Habe von einst. [... gerne] erstatte ich geformtes und geprägtes Silber, Haus und Familie zurück."[208]

Die Stoa lehrt nicht die Gleichgültigkeit gegenüber den Dingen außerhalb unserer Gewalt, sondern die Gleichmütigkeit – denn durch diese Haltung nimmt man seinen gegebenen Platz im Natur-Kosmos bewusst ein. Es wird nicht verdammt, sondern geschieden – das Eigene vom Fremden, die Freiheit von der Unfreiheit. Es wird gelehrt, wie damit umzugehen ist – es soll nicht hingenommen, sondern angenommen – erkannt, bewusst und zu eigen gemacht werden.

Für den Umgang mit den Mitmenschen, mit den Ungebildeten, mit denen, die nicht naturgemäß und vernunftgemäß denken und handeln, und die nicht die Verantwortung für die Freiheit kennen, rät Epiktet: „Die Kunst ist folgende: Jene sollen tun, was ihnen beliebt, wir aber wollen uns verhalten, wie es unserer Natur entspricht." Für diejenigen, die es nicht so auffassen und die nicht vernunft- und naturgemäß handeln, ist „ihr Zustand selber [...] ihre Strafe."[209] Diese sind nicht frei, sie sind einsam, unzufrieden, unglücklich und gefangen.
„Wenn du so Großes erstrebst, bedenke: es reicht nicht, in flüchtigem Interesse die Hand danach auszustrecken. Du musst manches für immer lassen, manches für den Augenblick. Wenn du aber daneben auch nach Ehrenstellungen und Reichtümern jagst, so wirst du vielleicht, weil du zugleich jenes erstrebst, nicht einmal diese erlangen. Sicher wirst du das verfehlen, wodurch allein Glück und innere Freiheit kommen."[210]
Auch hier lehrt Epiktet wiederum, die richtige innere Haltung einzunehmen. Die entsprechende innere Haltung ist ein Kernpunkt der stoischen Lehre, denn erst die richtige innere Haltung gibt das rechte Motiv für die rechte Handlung im Sinne der stoischen Ethik. Die richtige innere Haltung ist die, die der eigenen Natur entspricht, die, mit der man im Einklang mit sich selbst ist. Wer nach äußeren Gütern jagt, wird die inneren Güter nie erlangen. Glück und Freiheit sind innere Güter, Ergebnisse der richtigen inneren Haltung.
Wer mit der Hand festhält, was er bereits hat, wird nie mit offener Hand neues ergreifen können. Wer vielem nachjagt, wird aus dem Jagen nicht herauskommen und so doch nichts erlangen. Zuvorderst muss losgelassen werden können, dann erst kann wahrhaft erlangt werden.

„Gewöhne dich nun, bei allem, was bedrohlich wirkt, zu sagen: du bist nicht das, was du scheinst, sondern nur eine Vorstellung. Sodann prüfe es an den Regeln, die du gelernt hast, besonders an der ersten, indem du fragst: Gehört es zu dem, was in meiner Gewalt steht, oder nicht? Und gehört es zu dem, was nicht in deiner Gewalt steht, so sage zu dir selber: Es geht mich nichts an!"[211]
Eine Bedrohung ist erst dann eine Bedrohung, wenn sie als Bedrohung angesehen wird – anders gesagt, Bedrohungen entstehen erst im Kopf, sie sind Vorstellungen. Das gleiche gilt ebenso für Sorgen, Ängste usw., Gefühle entstehen in uns drinnen, sie kommen von uns selber, nicht von außen, sind also in unserer Gewalt. Was von außen kommt, liegt außerhalb unserer Gewalt.
Hier betont Epiktet erneut, wie mit den Dingen, die (nicht) in unserer Gewalt liegen, umzugehen ist. Die innere Freiheit ist frei von inneren Bedrohungen, da beides aus uns selbst kommt, haben wir Gewalt darüber. Noch einmal weist er auf die Trennung zwischen den Dingen und den Vorstellungen von diesen Dingen hin. Die innere Haltung bestimmt die innere Vorstellung, und die richtige innere Haltung erlangt man durch die Anwendung der Regel, zu prüfen, was in unserer Gewalt liegt und was nicht.
Mit dem rechten Gebrauch unserer Vorstellungen verfügen wir nach Epiktet über das „Herrlichste und Erhabenste" und den Schlüssel zu unserer Glückseligkeit. „Wenn wir sie recht gebrauchen, bedeutet das für uns ein freies, leichtes, heiteres, beständiges Dasein; es bedeutet Recht, Gesetz und Selbstbeherrschung, überhaupt jede Tugend."[212] Im gleichen Sinne sagt Marc Aurel: „Alles ist Meinung [Vorstellung], und über diese verfügst du allein. Räume sie also, wenn du es willst, aus dem Wege, und wie ein Seefahrer, der das Vorgebirge umschifft hat, wirst du unter Windstille auf ruhiger See in die sichere Bucht einfahren."[213]

Übung: Als Übung zur Anwendung der Regel empfehle ich, dass man eine Woche lang, bei allen Dingen, die einen selbst angehen, hinterfragt, ob diese Dinge in der eigenen Gewalt liegen oder nicht. Dann soll diese Regel angewendet werden, indem man bei anderen Menschen eine Woche lang beobachtet, wie viele und welche Dinge, die außerhalb deren Gewalt sind, sie sorgen. Schließlich soll erneut bei sich selbst eine Woche lang die Regel angewendet und beobachtet werden.

Man soll erkennen, wie groß die Anzahl der Dinge ist, die nicht in unserer Gewalt liegt, und die uns doch so sehr sorgen. Wichtig dabei ist, dass man sich selbst eingesteht, dass Sorgen/Bedrohungen/Ängste etc. bereitende Dinge (wobei ebenso wichtig ist, welche Dinge das überhaupt sind) außerhalb unserer Gewalt stehen – man muss dies annehmen, nicht nur hinnehmen – erst durch diese richtige innere Haltung spürt man, wie der Druck von einem abfällt, und man fühlt die Freiheit und schließlich das Glück und den Seelenfrieden.

Bei allen Übungen gilt es zu beachten, was schon Epiktet seinen Schülern empfahl: „Jede Fertigkeit, jede Fähigkeit wird durch entsprechende Handlung erhalten und vermehrt [...]. Du musst das tun, worin du tüchtig sein willst; worin du keine Fertigkeiten haben willst, das tue auch nicht.“[214] „Wenn wir das täten und uns daraufhin übten jeden Tag von früh bis abends, dann käme, bei Gott, etwas heraus.“[215]

3. Was zu erstreben ist und was nicht

„Bedenke: Begierde verheißt den Besitz des Begehrten, Abneigung die Vermeidung dessen, wogegen man Abneigung empfindet. Wer trotz der Begierde nicht in den Besitz des Begehrten gelangt, ist unglücklich, und wer trotz seiner Abneigung in etwas verfällt, was er vermeiden möchte, ist auch unglücklich.“[216]

Hier definiert Epiktet die Begriffe Begierde und Abneigung. Die Definitionen sind simpel, nachvollziehbar und pragmatisch. Seine Schlüsse daraus sind ebenso klar und logisch, wenngleich auch nicht sofort zwingend. Ebenso erscheint mir hier ‚unzufrieden' besser als ‚unglücklich' – nach modernem Verständnis. Die unterschiedliche begriffliche Bedeutung von Glück habe ich bereits an anderer Stelle erörtert, darum gehe ich hier nicht mehr darauf ein und belasse es bei unglücklich. Weiters werden hier der zeitliche Faktor sowie die Intensität vernachlässigt. Aus unerfüllter Begierde folgt nicht umgehend ein schlechter Gemütszustand, sondern erst nach einer mehr oder weniger langen Weile mit sich verändernden Zwischenzuständen unterschiedlicher Intensität. Anfangs mag auch noch eine Vorfreude auf das Begehrte zu einem guten/erfreuten Gemütszustand führen. Längerfristig bzw. grundsätzlich ist Epiktets Schluss jedoch unbestritten richtig.

„Wenn du also nur dem auszuweichen suchst, was naturwidrig ist und in deiner Macht steht, so verfällst du überhaupt nicht in etwas, wogegen du Abneigung empfindest. Willst du aber einer Krankheit, dem Tode, der Armut ausweichen, so wirst du unglücklich sein. Hüte dich also vor jeder Abneigung gegen alles, was nicht in deiner Gewalt steht, und lass ihr nur ihren Willen bei dem, was naturwidrig ist und in deiner Gewalt steht."[217]

Hier stellt sich sofort die Frage, was denn naturwidrig ist und in der eigenen Macht steht. In der eigenen Macht stehen unser Denken und Tun sowie unsere Begierden und Abneigungen. Unter naturwidrig wird alles verstanden, was wider die eigene Natur ist. Jeder hat selbst zu erkennen bzw. zu wissen, was gegen die eigene Natur ist, dennoch soll hier ein anschauliches und simples Beispiel genannt werden. Wenn es gegen die eigene Natur ist, rohes Fleisch zu essen (z. B. weil einem davon schlecht wird), dann soll man es lassen – denn das Tun liegt ja in der eigenen Gewalt.

Wenn man also vermeidet, rohes Fleisch zu essen – weil man Abneigung dagegen hat – kann man gar nicht unglücklich durch den Verzehr von rohem Fleisch werden, weil man es ja nicht verzehrt – die Abneigung gegen rohes Fleisch verbleibt natürlich, aber das Unglücklichsein tritt nicht ein.
Wenn man die Neigung verspürt (auch wenn es der eigenen Natur entspricht), Unmengen von Süßigkeiten zu essen oder Unmengen von Alkohol zu trinken, soll man diesen Neigungen jedoch nicht nachgeben, weil die Vernunft um die negativen Auswirkungen dieser Handlungen auf einen weiß. Hier soll man seine Begierden in Zaum und möglichst gering halten. Da man normalerweise nicht die Macht hat, seine Begierden vollkommen zu kontrollieren – und unterdrücken soll man seine Natur nicht –, ist es in solchen Fällen ratsam, seine Begierden umzuleiten und durch vernunftgemäße Handlungen zu ersetzen.
Dingen, gegenüber denen man Abneigung empfindet, die aber außerhalb der eigenen Gewalt stehen, soll man mit Gleichmut begegnen. Man hat zwar Abneigung gegen diese Dinge, kann aber nichts (nicht wirklich was) dagegen tun. Jegliches Streben nach Vermeidung dieser Dinge verstärkt nur die Abneigung gegen diese bzw. Angst vor diesen Dingen – Abneigung, Angst und drohendes Unglücklichsein verstärken und verselbstständigen sich dadurch nur noch, man kommt in einen Teufelskreis. Je mehr man dagegen ankämpft, je mehr man zu vermeiden sucht, umso drohender, bestimmender wird die Vorstellung davon.
Wenn man etwas haben will, dann „wende den Grundsatz an: Im freien Willen oder nicht? Nicht im freien Willen. Dann weg damit!“[218] Epiktets Rat ist ungemein pragmatisch, aber auch schwierig umzusetzen. Jegliche Vermeidung von Abneigung und Denken an bestimmte Dinge ist schwierig. Sobald man versucht, nicht an etwas zu denken (gegen das man Abneigung empfindet),

denkt man sofort und automatisch daran. Je mehr man es versucht, desto schlimmer wird es.
„Die Begierde aber gib vorläufig ganz auf. Denn begehrst du etwas, was nicht in deiner Gewalt steht, so wirst du bestimmt unglücklich werden. Von dem aber, was in deiner Macht steht, und was du begehren solltest, weißt du noch nichts. Beschränke dich auf Neigung und Abneigung, aber lass auch diese nicht übermächtig werden."[219]
Warum die Begierde nur „vorläufig" und nicht grundsätzlich ganz aufzugeben ist, erschließt sich hier nicht. Da auch in den Unterredungen nicht mehr spezifisch auf die Begierden eingegangen wird, ab und an das Thema aber gestreift wird, lässt mich das aufgrund des Grundtenors aller Aussagen dazu zur Schlussfolgerung kommen, dass man sich vorläufig von den Begierden verabschieden soll, um schlussendlich gar nicht mehr auf sie zurückzukommen. Sobald man seine Natur gefunden hat und in Tugend danach lebt, hat man auch seine Begierden automatisch und grundsätzlich überwunden.
Epiktets Ratschläge folgen ansonsten dem gleichen Muster wie bei den Abneigungen. Wenn man etwas begehrt, was man nicht aus eigener Kraft bzw. mit Gewissheit bekommen kann, stellt sich früher oder später ein Unglücklichsein ein. Dass man nicht begehren kann, was man nicht kennt, ist logisch genauso trivial klar wie ein Begehren nach Dingen, die in eigener Macht stehen, bei denen das Begehren mit der Erlangung endet.
(Ab)Neigung als reinen Impuls lässt Epiktet zu. Man darf Dinge mögen bzw. auch nicht mögen, solange die Neigung bzw. Abneigung nicht zu stark, zu dominant wird. Neigungen und Abneigungen sind Teil des natürlichen Empfindens des Menschen, also seiner Natur. Man muss aber bzw. nur dafür sorgen, dass man von seinen Neigungen und Abneigungen nicht

beherrscht wird, indem sie zu übersteigerten Formen (Gier bzw. Geiz) werden.

Übung: Eigene Neigungen und Abneigungen sollen (ohne fixen Kontext) jeweils eine Woche lange aufmerksam beobachtet, erkannt, bewusst gemacht und akzeptiert werden. Einher gegen (Ab)Neigungen oft mit einem (leichten) körperlichen Schmerz (Druckgefühl o. ä.), meist im Magenbereich. Auch dieser Schmerz soll beobachtet, erkannt und bewusst gemacht werden. Neigungen und Abneigungen sind kein Müssen, sie sind nicht so stark, dass sie zu (Nicht) Handlungen zwingen.

Übungen zu Begierde bzw. Gier auf der einen Seite und Geiz auf der anderen Seite sollen immer mit einem äußeren Kontext kombiniert werden – also nicht nur geistig, sondern auch körperlich. Gier bzw. Geiz sind ein Müssen, eine übersteigerte, zwanghafte (Ab)Neigung. Sechs Wochen lang soll geistig eine inhaltliche Auseinandersetzung mit dem Müssen der Gier bzw. des Geizes erfolgen, also beobachten, erkennen, bewusst machen und akzeptieren. Gleichzeitig soll wie bei den (Ab)Neigungen der körperliche Schmerz beobachtet, erkannt und bewusst gemacht werden. Ziel der Übung ist es, das Müssen in ein Dürfen umzuwandeln. Beispiel Fresssucht: Man muss sich nicht mit Essen vollstopfen, sondern man darf. Auf diese Weise wird der Zwang überwunden.

4. Verwechsle nicht die Dinge mit deinen Vorstellungen!

„Nicht die Dinge selbst beunruhigen die Menschen, sondern die Vorstellungen von den Dingen. So ist z. B. der Tod nichts Furchtbares – sonst hätte er auch dem Sokrates furchtbar erscheinen müssen –, sondern die Vorstellung, er sei etwas Furchtbares, das ist das Furchtbare. Wenn wir also bedrängt, unruhig oder betrübt

sind, wollen wir die Ursache nicht in etwas anderem suchen, sondern in uns, das heißt in unseren Vorstellungen.“[220]
Der erste Satz ist einer der am meisten zitierten von Epiktet, denn er ist kurz, prägnant und enthält einen wesentlichen Ratschlag für ein gutes Leben. Alles in der Welt, was auf uns zukommt, uns affiziert, wird in unserem Geist abgebildet. Diese Abbildung wird verknüpft mit allerlei Erfahrungen, Gerüchten, Einbildungen usw. und ergibt eine damit konnotierte Vorstellung von diesen Dingen, die mit dem Ding selbst nur mehr wenig zu tun hat. Wenn wir über etwas nachdenken, uns sorgen usw., dann ist das Objekt unseres Nachdenkens, unseres Sorgens diese Vorstellung und nicht das Ding selbst. Wenn man sich diese Teilung bzw. Trennung bewusst macht, entlarvt man die Vorstellungen als solche. Da die Vorstellungen, im Gegensatz zum Ding, in unserer Gewalt liegen, uns eigen sind, können wir sie ändern. Die eigenen Werturteile sind angesichts dieser Trennung zu prüfen.
Die Erwähnung von Sokrates zeigt, wie sehr sich Epiktet als geistiger Nachfolger bzw. Anhänger der sokratischen Ethik sieht. Sokrates war auch in der römischen Antike dem Gebildeten ein Begriff und wurde gerne als Gallionsfigur für Beispiele ethisch rechter Handlungen verwendet.
„Der Ungebildete macht anderen Vorwürfe, wenn es ihm übel ergeht. Der philosophische Anfänger macht sich selber Vorwürfe. Der wahrhaft Gebildete tut weder das eine noch das andere.“[221]
Es ist leicht, jemand anderem die Schuld für etwas zuzuschreiben, und es mag zumindest kurzfristig Erleichterung bringen, aber man verletzt damit seine Mitmenschen, Freunde usw., man stellt sich selbst als schlechter Charakter dar, und es ist überhaupt eine schlechte Vorgehensweise, weil sie am Problem selbst nichts ändert. Wer erkannt hat, dass man die Dinge nicht mit seinen Vorstellungen verwechseln soll, ist verleitet, sich selbst Vorwürfe zu

machen, weil man solche Vorstellungen hat, die ja mit dem Ding selbst wenig zu tun haben. Der Weise hat auch das überwunden, er sieht die ganze Angelegenheit mit Gleichmut, denn er weiß, dass auch der Selbstvorwurf ohne Bedeutung und vergebens ist.
Übung: Jedes Mal, wenn uns etwas beunruhigt, uns Sorgen bzw. Angst macht etc., dann sollen wir uns die Trennung vom Ding selbst und unserer Vorstellung von diesem Ding bewusst machen. Wir haben die Gewalt über unsere Vorstellungen, und Epiktet empfiehlt darum eindringlich: „Sache eines gebildeten Menschen ist es, seine Vorstellungen naturgemäß zu gestalten."[222]

5. Worauf wir stolz sein dürfen

„Sei nicht auf fremde Vorzüge stolz! Wenn ein Pferd mit Stolz sagen würde: ich bin schön, so könnte man sich das gefallen lassen. Wenn du aber mit Stolz sagst: ich habe ein schönes Pferd, siehst du, so bist du nur auf ein gutes Pferd stolz. Was ist nun dein eigen? Deine Vorstellungen. Wenn du also bei dem Gebrauch deiner Vorstellungen dich naturgemäß verhältst, darfst du soweit stolz sein. Denn dann wirst du stolz sein auf einen Vorzug, der dein eigen ist."[223]
Zu Recht stolz sein darf man auf Vorzüge, die einem eigen sind. Eigen ist einem, „was keine Hindernisse kennt"[224] – unser Denken, unser Tun und unsere Vorstellungen. Soweit man sich im Gebrauch der Vorstellungen naturgemäß verhält, darf man auf die eigenen Vorzüge der eigenen Vorstellungen stolz sein. Die Vorstellungen sind von den Dingen zu unterscheiden. Naturgemäß ist der Gebrauch der Vorstellungen dann, wenn er vernunftgemäß ist (vgl. *logos*-Gott-Natur). Zum Vernunftgemäßen gelangt man durch eine Auswahl mittels der eigenen Vernunft. Die Auswahl hat mit Wahr-Nehmen zu tun – man muss sich selbst erforschen. Wahr/wahrhaftig/authentisch verhält man sich dann, wenn das

Verhalten nicht durch Nach-Denken sondern durch Intuition bestimmt ist. Intuitives, automatisches Verhalten kommt aus einem selbst heraus, ist also eigen und der eigenen Natur gemäß. Es ist hier eine Unterscheidung zu treffen zwischen dem, was der *logos*-Gott-Natur gemäß ist und was der eigenen Natur gemäß ist – darauf wird später noch genauer eingegangen. Erst durch die Selbstwahrnehmung wird die eigene moralische Entwicklung möglich.

Man kann sich ruhig alles vorstellen und sich an den Gedanken daran erfreuen, aber man soll eingedenk sein, dass die Vorstellungen nicht mit den Dingen eins, sondern getrennt sind, also nicht erwarten, dass die Dinge den Vorstellungen entsprechen.

„Wenn aber jemand annimmt, der wirksamste Trost für die (alten) Menschen sei der Reichtum, und dieser ermögliche ihnen, sorgenfrei zu leben, dann denkt er ganz falsch. Denn der Reichtum kann dem Menschen nur Freuden verschaffen durch Speise und Trank, sinnliche Genüsse und dergleichen mehr. Aber Gemütsruhe und Freiheit von Sorgen gewährt er seinem Besitzer zu keiner Zeit."[225] „Wie vielen ist ihr Reichtum eine Last!"[226]

Bei einem guten Mahl, beim Alkoholgenuss mag man sich gut und zufrieden fühlen, aber der Sinnenrausch ist bloß kurzzeitig und vergeht recht schnell. Die Ernüchterung folgt auf den Fuß. Wenn man diesen Zustand wieder erlangen will, läuft man in die falsche Richtung, weil man Dingen nachrennt, die einem nicht eigen sind und nicht in der eigenen Gewalt liegen. Man macht sich von fremden Dingen abhängig.

Auch Seneca gemahnt, dass man nicht nach „fremden Gütern" streben soll, sondern nach dem einzigen „unschätzbaren Gut": „die Ruhe und die Erhabenheit eines Geistes, der einen sicheren Standort hat, und, wenn die Irrtümer vertrieben sind, aufgrund der Erkenntnis des Wahren eine großartige und unerschütterliche

Fröhlichkeit und eine heitere Freundlichkeit und Gelöstheit der Seele, an denen sie sich freuen wird – nicht wie an Gütern, sondern wie an etwas, das aus dem ihr eigenen Gut entstanden ist."[227] Am besten ist es, wenn das eigene Glück nicht von fremden Gütern abhängig ist, sondern aus einem selbst heraus kommt. Das ist dann ein Gut, dessen Wert nicht hoch genug einzuschätzen ist. Dieses Gut ist die innere Ruhe und Ausgeglichenheit (des Gemüts, der Seele), denn das sorgt für beständige Fröhlichkeit sowie Freundlichkeit zu sich und anderen.

Weiters soll man bedenken „ein wie viel geringerer Schmerz es ist, nichts zu besitzen als es zu verlieren, und wir werden einsehen, dass Armut um so weniger Anlass zu Qualen mit sich bringt, je weniger sie Verluste verursacht."[228]

Unsere Habe liegt nicht in unserer Gewalt, sie kann uns jederzeit genommen werden. Wer stolz auf seinen Besitz (Reichtum) ist, macht sich abhängig von seinem Besitz bzw. strebt nach Besitz und muss zwangsläufig Angst haben, diesen wieder zu verlieren. Je mehr man besitzt, desto größer ist die Angst zu verlieren. Je größer die Angst vor Verlust ist, desto größer ist die Begierde nach neuem Besitz. „Um wie viel glücklicher ist jener, der nur dem etwas schuldet, dem er es am leichtesten versagt: sich selber."[229] Wer seinen Besitz festhält, kann seine Hände nicht für Neues offen halten, weil er Angst hast, seinen Besitz loszulassen. Man muss aber loslassen können, um annehmen zu können.

6. Einstellung zum Leben

„Verlange nicht, dass alles so geschieht, wie du es willst, sondern wolle, dass alles so geschieht, wie es geschieht, und du wirst in Frieden leben."[230]

Hier gibt Epiktet einen entscheidenden Rat zur Grundeinstellung zum Leben, zu den Mitmenschen, was einem widerfährt, zu allem, was passiert. Man soll nicht verkrampft/zwanghaft danach streben, das Leben und alles, was damit zusammenhängt, so zu verändern, dass es einem in den Plan passt und erwarten, dass alles dann auch so eintritt. Was man erwartet und anstrebt sind eigene Vorstellungen, was im Leben aber geschieht, sind die Dinge. Man darf das Leben nach den eigenen Vorstellungen gestalten bzw. zu gestalten versuchen, aber man soll keinesfalls verlangen, dass alles so geschieht. Im Gestalten-Wollen darf kein Müssen enthalten sein, man darf es versuchen, aber alles, was geschieht, egal ob es angestrebt wurde oder nicht, ob es einem passt oder nicht passt, soll so angenommen werden, wie es geschieht – angenommen, nicht nur geduldet bzw. hingenommen. Alles geschieht so, wie es geschieht, und es ist gut so, wie es geschieht. Nicht die Dinge sind dann falsch gelaufen, sondern die Vorstellungen waren falsch – und die Vorstellungen sind einem eigen, liegen in der eigenen Gewalt, und man kann sie ändern, die Dinge jedoch nicht. „Den einen fesseln seine Ehrenämter, den anderen sein Reichtum; einige beugt ihre hohe, einige ihre geringe Stellung. Auf einigen lastet die Herrschaft anderer, auf anderen die eigene [...].“[231] Wer verkrampft bzw. zwanghaft nach seinen Vorstellungen strebt, wird nie inneren Frieden finden. Wer verlangt und erwartet, wird nie Ruhe und Glück finden. Das Leben soll ohne Streben, ohne Erwartung so angenommen und genossen werden, wie es auf einen zukommt, denn das Leben liegt nicht in unserer Gewalt, man soll sich nicht ärgern, wenn etwas nicht eintritt, was angestrebt oder erwartet wurde. Wenn etwas eintritt, was angestrebt oder erwartet wurde, dann soll man es mit Freude annehmen und kann zufrieden sein. Wenn man mit der von Epiktet geratenen Einstellung lebt, wird man im Leben innere Ruhe, Frieden und Glück finden.

„Du vermagst in deinem Leben glücklich zu sein, wenn du nur dem rechten Weg folgen und diesem entsprechend urteilen und handeln willst. Die Seele [...] des Menschen, wie überhaupt eines jeden vernünftigen Wesens, hat zwei Merkmale gemeinsam: Erstens, sie kann durch nichts anderes gestört werden als durch sich selbst, und zweitens, dass sie sich dem Guten zuwendet und dementsprechend handelt. Nichts anderes strebt sie an."[232]

Marc Aurels Ratschlag ist ident mit dem Epiktets. Der rechte Weg ist der Weg gemäß der (eigenen) Natur sowie gemäß der Vernunft – und entsprechend den stoischen Tugendidealen. Niemand anderer kann einen unglücklich machen, man kann sich nur selbst unglücklich machen – mit der richtigen Einstellung zum Leben verhindert man Ersteres und unterlässt Letzteres. Das Gute findet man in sich selbst, es ist Teil der eigenen Natur. Jeder kann so zum Guten finden und soll demgemäß denken, urteilen und handeln.

Übung: Wenn einem etwas widerfährt, worüber man sich ärgert, dass bzw. warum so etwas nur passiert ist, dann soll man es annehmen, sich sagen, es ist so passiert, weil es eben so passiert ist, und es passt schon so, wie es passiert ist, es hat schon so sein sollen.

Noch einmal, ein ehrliches und überzeugtes Annehmen ist kein bloßes Hinnehmen, man soll sich nicht im Nachhinein anlügen, so drehen, wie man es gerade braucht. Nicht sagen: „Ich wollte ja sowieso, dass meine Lieblingsmannschaft dieses Entscheidungsspiel verliert." Sondern: „Ok, sie haben dieses Spiel verloren." Keine weiteren Gründe überlegen und vorschieben: „Ah, das ist schon gut so, weil ..." „Hätten sie nur ..." „Wären die anderen nicht ..." Nein, einfach annehmen – als Einstellung. Mit regelmäßiger Übung wird es nach einiger Zeit gelingen.

7. Was ein Unglück ist

„Die Krankheit ist ein Unglück für den Körper, für den Willen aber nicht, wenn er nicht selber es will. Lähmung ist ein Unglück für den Schenkel, für den Willen aber nicht. Das sage dir bei allem, was dich betrifft; dann wirst du finden, dass es für irgendetwas ein Unglück sein kann, nicht aber für dich."[233]

Dieser Ratschlag, der nach einer Abspaltung des Leiblichen (Leib-Seele-Dichotomie) klingt, ist eine spezifische Ergänzung zum vorhergehenden. Für Epiktet ist das Ich der Wille, der Körper gehört nicht zum Ich. Ich bin nicht mein Körper, und mein Körper ist nicht Ich. Mein Leib ist mir zwar eigen, liegt aber nicht in meiner Gewalt. Auch hier geht es um die eigene Grundeinstellung zum Leben, speziell zu Krankheiten des Körpers. Krankheiten mögen gewisse Körperteile befallen, aber nicht unmittelbar den Willen, das Ich. Körperliche Krankheiten mögen den Willen mittelbar befallen, wenn man es zulässt. Darum soll man es nicht zulassen, dann geschieht es auch nicht. Mein Tun und Denken sind mir eigen und liegen in meiner Gewalt. Wenn ich denke und akzeptiere, dass Krankheit nur meinen Körper befallen kann, nicht aber mich selbst, dann mache ich mich frei von Krankheiten als Unglück für mich.

Krankheiten des Geistes wurden von Epiktet nicht genannt, aber man kann auch in solchen Fällen die Methode anwenden. Es geht ja auch hier um ein grundsätzliches Annehmen des Lebens mit allem Unbill. Wenn man auch den Geist als eigen, aber als nicht in der Gewalt liegend, als nicht zum Ich zugehörig ansieht, dann funktioniert es auch in solchen Fällen. Es geht ja schließlich nicht um die Dinge an sich, sondern um die Einstellung zu bzw. Vorstellung von diesen. Und vorstellen kann man sich alles, weil es in unserer Gewalt liegt. Man braucht nur die eigene Vorstellung zu akzeptieren, überzeugt davon zu sein, sie anzunehmen. Frieden, Freude und Glück sind keine Angelegenheit von Tatsachen, sondern von der Einstellung dazu. „In jeder Lebenslage wirst du Möglichkeiten zur Freude, Entspannung und Vergnügungen finden, wenn du dich dareinschickst, Unglück lieber für unbedeutend zu halten anstatt es unerträglich zu machen.“[234] „Ich kehre mich nicht daran, ob ich in Armut, ohne Amt lebe, überhaupt kümmere ich mich um nichts als um richtige Anschauungen. Und diese sind bei mir ohne Hindernisse, sie sorgen sich um nichts mehr.“[235] „Lass die Einbildung schwinden, dann schwindet auch die Klage, dass man dir geschadet hat. Und klagst du nicht, man habe dir Schaden zugefügt, schwindet auch der Schaden.“[236]

Man kann es aber auch umgekehrt sehen: wenn man es nicht mehr als Schaden oder Verlust erlebt, braucht man auch nicht mehr zu klagen. Klagen und Weinen mögen über den Schmerz hinweghelfen; die (didaktische) Methode der Stoiker geht aber andersherum.

„Man kann wohl kaum unglücklich sein, wenn man nicht beachtet, was in der Seele eines anderen vorgeht. Wer sich aber nicht um die Bewegungen der eigenen Seele kümmert, der gerät notwendigerweise ins Unglück.“[237]

Für Marc Aurel ist das Ich die Seele. Körperliche Krankheiten sind irrelevant und kein Unglück, allein eine Krankheit der eigenen Seele ist ein Unglück. Jegliches Glücklichsein betrifft die eigene Seele, um ihr Wohlbefinden muss man sich kümmern, allein das ist entscheidend. Eine gesunde Seele ist eine glückliche Seele. Die Seele ist der Kern der eigenen Natur. Wer die Bewegungen der eigenen Seele beachtet, der handelt seiner Natur gemäß. Der vernünftige Mensch kümmert sich um seine Seele und nicht um die äußerlichen Dinge.

8. Kümmere dich nicht um äußerliche Dinge!

„Wenn du Fortschritte machen willst, so lass Gedanken wie diese: wenn ich mich nicht um mein Vermögen kümmere, so werde ich nichts zu leben haben; wenn ich meinen Diener nicht züchtige, wird er ein Nichtsnutz werden. Es ist besser, Hungers zu sterben, wenn man nicht in Kummer und Furcht gerät, als im Überfluss, aber ohne Ruhe der Seele zu leben. Und es ist besser, dein Diener ist ein Nichtsnutz, als dass du unglücklich bist."[238]

Epiktet gibt hier einen weiteren Rat, um Ruhe und inneren Frieden zu erlangen. Wer (ständig) nachdenkt, welche Probleme es geben könnte, wird Probleme haben – das Problem bei Problemen ist nämlich, dass sich Probleme verselbstständigen und immer größer werden, je mehr man sich damit beschäftigt. Wer sich Sorgen macht, *macht* sich die Sorgen. Wer sich um äußerliche Dinge kümmert, macht sich den Kummer. Wer Probleme sucht, wird diese auch finden. Wer nachdenkt, grübelt, wie er Probleme, Ärger, Kummer usw. verhindern könne, beschäftigt sich mit Problemen, Ärger und Kummer. Je öfter bzw. je intensiver man versucht, Probleme, Ärger, Kummer usw. zu verhindern, desto öfter bzw. mehr beschäftigt man sich mit Problemen, Ärger und Kummer und wird diese niemals los werden. Nachdenken und planen (um etwas zu vermeiden bzw. zu verhindern) geschieht üblicherweise aus Angst heraus – Angst vor Kontrollverlust, Angst vor dem Unbekannten, Angst vor dem Unerwarteten usw. Wer über mögliche Probleme (in der Zukunft) nachdenkt, sucht Lösungen in der Erfahrung/Erinnerung (Vergangenheit) und vergisst dabei, in der Gegenwart zu leben. Wer nicht mit Problemen, Ärger, Kummer, Angst usw. leben möchte, soll sich auch nicht damit beschäftigen, soll nicht darüber nachdenken. Wer seine Vorstellungen voll von Problemen, Ärger, Kummer, Angst usw. hat, wird in einer Welt voll davon leben und das auch überall finden. Der

Schlüssel zu Ruhe und innerem Frieden ist, seine Vorstellungen (Gedanken) frei von Problemen usw. zu halten. Probleme usw., eigene wie auch fremde, entstehen erst im Kopf, im Geist, in den Vorstellungen. Probleme, Ärger, Kummer usw. sind wieder eine Sache der Einstellung – wer sie von außen, von den äußerlichen Dingen nicht in seine Vorstellung lässt, wird sie auch nicht haben. Ein Problem ist erst ein Problem, wenn man es als ein Problem ansieht. „Ein Mensch soll von den äußeren Dingen nicht bestochen und nicht überwältigt werden können."[239] Man darf natürlich über äußerliche Dinge, Gefahren usw. (also ‚Probleme', wie wir salopp sagen) nachdenken und diese lösen bzw. beseitigen, dafür sind wir Menschen ja mit geistigen Fähigkeiten ausgestattet, aber man soll es niemals als Nachdenken-Müssen, Lösen-Müssen usw. auffassen, denn dann wird man von ihnen beherrscht und in der inneren Ruhe gestört.

„Von der leichten Seite müssen wir also alles nehmen und es mit Bereitwilligkeit ertragen. Menschlicher ist es, zu lachen über das Leben als zu jammern. [...] Bei der Betrachtung des Gesamtgeschehens beweist mehr Seelengröße, wer darüber sein Lachen, als der, der seine Tränen nicht zurückhält, erregt er doch die Gemütsstimmung äußerster Gelassenheit: nichts sieht er als groß an, nichts als ernst zu nehmen, ja nicht einmal etwas als unglücklich in einem so gewaltigen Schauspiel."[240]

Auch Seneca weist noch einmal darauf hin, dass der eigene Umgang mit dem Leben der Schlüssel zum geglückten Leben ist. Man macht es sich nur selbst schwer, wenn man sich alles schwer denkt und einredet. Alles, was geschieht, hat zwei Seiten, eine gute und eine schlechte bzw. eine leichte und eine schwere. Man soll darum alles von der leichten Seite nehmen und es annehmen. Auf den zweiten Blick sind die meisten Probleme gar nicht mehr so schlimm. Erst mal darüber lachen, als ob es einen nichts anginge, dann nüchtern und vernünftig über die Sache nachdenken, sämtliche Möglichkeiten, die sich daraus ergeben, erfassen, und schließlich die für einen günstigen nehmen und handelnd verwirklichen.

Ob es für einen wirklich besser ist, in innerer Ruhe lebend zu verhungern, als in Kummer und Furcht im Überfluss zu überleben, muss jeder für sich selbst entscheiden. Wer im Überfluss lebt und so viele Probleme, Sorgen, Ängste usw. hat, dass er sich fürs Verhungern entscheidet bzw. entscheiden würde, sollte auf jeden Fall die hier genannten Ratschläge beherzigen und danach zu leben trachten. Wer hingegen am Verhungern ist und dennoch in solch einer inneren Ruhe lebt, hat schon alles gewonnen und nichts mehr zu verlieren – denn er ist frei von allen Ängsten, Problemen, Sorgen usw.

„Zeige Unerschütterlichkeit bei allen Begebenheiten, die ihre Ursache im Äußeren haben; sei gerecht bei allem, was seinen Ursprung in dir selbst hat. Dein Streben und Handeln soll auf den Nutzen der Gemeinschaft gerichtet sein, denn dies entspricht deiner Natur.“[241]

Marc Aurel bringt hier noch einen weiteren Aspekt ein, den Nutzen, und zwar den Nutzen für die Gemeinschaft. Dass man sich nicht um die äußerlichen Dinge kümmern soll, ist nicht so zu verstehen, dass alles um einen herum gleichgültig ist, dass man seinen Mitmenschen nicht helfen darf usw. Nein, es ist so zu verstehen, dass allen Begebenheiten, die ihre Ursache im Äußeren haben, mit Gleichmut zu begegnen ist. Fremdes Unglück ist nicht eigenes Unglück, fremde Sorgen sind keine eigenen Sorgen, fremde Probleme sind keine eigenen Probleme usw. Wer sich etwas Gutes, Tugendhaftes tut, der tut der Gemeinschaft etwas Gutes, Tugendhaftes. Wer der Gemeinschaft etwas Gutes, Tugendhaftes tut, der tut auch sich etwas Gutes, Tugendhaftes. Man soll also

anderen Gutes tun, man soll im Nutzen der Gemeinschaft handeln. Gut und recht ist: sich um andere zu sorgen, aber ohne sich dabei Sorgen zu machen; sich um andere zu kümmern, aber ohne sich dabei bekümmern zu lassen.
Fremde Ängste, Probleme, Sorgen, alle äußerlichen Dinge, gehen einen insofern an, weil man selbst Teil der Gemeinschaft ist – aber eben nur rein sachlich, rein den (Gemein-)Nutzen betreffend; nicht jedoch die eigene Seele betreffend, die soll frei und unerschütterlich davon bzw. dabei sein.
Es ist nicht einfach, diesen Spagat zu schaffen, es ist aber schaffbar, sorgenfrei zu leben. Um diesen Weg zu beschreiten anzufangen, schlägt Epiktet folgendes vor: „Fange also mit dem Unbedeutenden an! Ein wenig Öl ist verschüttet, ein Restchen Wein dir gestohlen worden. Sage dir dann vor: damit bezahle ich meinen Gleichmut, so viel kostet meine Seelenruhe. Umsonst ist kein Gewinn. Und wenn du den Diener rufst, so denke: er kann dich vielleicht nicht hören; oder wenn er dich hört, so kann er vielleicht nicht tun, was du willst. Jedenfalls soll es nicht von ihm abhängen, ob du deine Ruhe bewahrst oder verlierst“[242]
Übung: Epiktet gibt hier selbst die Übung vor, wie man erlernt, Geschehnisse usw. nicht zu Problemen zu machen. Bei den Kleinigkeiten soll man anfangen Gleichmut zu üben, sie nicht an sich herankommen und in den Vorstellungen zu Problemen werden zu lassen. Was ist schon ein umgeschüttetes Saftglas, ein gestohlener, verschwundener Stift!? Wenn man die Kinder, die Ehefrau, den Freund ruft und sie nicht kommen, kann das vielerlei (unbedeutende) Gründe haben, Epiktet bringt hier gute Beispiele. Doch in solchen Fällen entstehen in der Vorstellung sofort Vermutungen, mögliche Erklärungen für Probleme und mögliche Ärgernisse usw. – falls man es zulässt. Sobald die kleinen Dinge die Ruhe nicht mehr gefährden, kann man zu den nächstgrößeren über-

gehen und Schritt für Schritt lernen, den Gleichmut, die Ruhe und den inneren Frieden zu bewahren. Man soll es nicht zulassen, dass irgendwelche äußeren Dinge, die sowieso nicht in unserer Gewalt liegen, in unserer Vorstellung, über die wir Macht haben, zu Problemen usw. werden und uns belasten.

9. Was man wollen darf

„Wenn du wünschst, deine Kinder, deine Frau, deine Freunde möchten ewig leben, so bist du ein Narr. Denn du wünschst Macht über etwas, was nicht in deiner Macht steht, und betrachtest als dein Eigentum, was dir nicht gehört. Und wenn du willst, dass dein Diener keinen Fehler begeht, so bist du ein ebensolcher Narr. Denn du willst, dass etwas Schlechtes nichts Schlechtes sei, sondern etwas anderes."[243]

Vorstellen kann man sich alles, aber wollen bzw. erstreben und erwarten, dass es auch eintrifft, darf und soll man nur, was in der eigenen Macht steht. Über die äußeren Dinge hat man keine Macht, wer also auf die äußeren Dinge baut, bestimmte fremde Ereignisse erwartet, verhält sich töricht. Nur was einem eigen ist, darüber hat man Macht, und nur das darf man wollen bzw. erstreben und erwarten.

„Bedenke, dass nicht nur das Streben nach Macht und Reichtum uns erniedrigt und anderen untertänig macht, sondern auch das Verlangen nach Ruhe und Muße, nach Reisen und Gelehrsamkeit. Überhaupt alles Äußere, wie es auch sein mag, macht uns von anderem abhängig, durch den Wert, den wir darauf legen."[244]

Wer nichts (Bestimmtes) will, anstrebt, erwartet, der kann nicht negativ überrascht werden, sondern nur positiv. Man könnte dies als oberflächliche Sicherheitslogik abtun, weil, wenn man sich für nichts mehr engagiert, man auch aufhört, beispielsweise frei sein zu wollen. Der Vorwurf geht hier aber am Kern der Sache vorbei.

Man darf Ziele haben und diese auch aus Vernunft heraus verfolgen, aber eben aus einer inneren Haltung des Dürfens heraus, nicht des Müssens. Je mehr wir wollen, anstreben oder erwarten, umso mehr stellen wir uns etwas vor und machen uns abhängig. Die eigenen Erwartungen können in der Regel nicht erfüllt werden. Erwartungen sind Vorstellungen, die mit den äußeren Dingen nichts gemein haben. Wer von äußeren Dingen bzw. anderen Personen etwas erwartet, wird (früher oder später) enttäuscht werden. Wer nichts erwartet, ist frei (von Erwartungen). Wenn der Zufall mitspielt, mag man freudig überrascht werden, wenn der Zufall nicht mitspielt, macht es einem nichts aus. „Bei allem, was ich zu tun habe, sehe ich auf das rechte Maß, dass ich nämlich bescheiden, sicher, ohne Begehr und Abneigung gegen die Außendinge auftrete."[245] Man soll nichts (zu sehr) wollen, anstreben oder erwarten, aber man darf sich freuen, falls es eintrifft. „Die Geschenke des Glücks [darf man ...] nutzen, nicht aber, ihnen [...] dienen."[246] Bei der Umsetzung ist darauf zu achten, dass man in seinem Leben aber nicht einfach teilnahmslos und lethargisch dahin dümpelt, auf mittlere Temperatur eingestellt ziellos dahinlebt. Man darf und soll (vgl. Wie man beginnen soll) Ziele haben und diese verfolgen. Die Ziele sollen aber naturgemäß, vernunftgemäß, tugendhaft und nützlich sein wie auch die innere Haltung bei der Verfolgung dieser Ziele von naturgemäßen, vernunftgemäßen, tugendhaften und nützlichen Prinzipien bestimmt sein soll. „Glücklich also ist, wer ein richtiges Urteil hat, wer sich mit den Umständen, wie sie auch immer sind, zufrieden gibt und sich an sie gewöhnt."[247] „Daher muss man sich an seinen Zustand gewöhnen, sich so wenig wie möglich darüber beklagen und jeden Vorteil, den er bietet, wahrnehmen. Keine Situation ist so schmerzlich, dass nicht Gleichmut darin Trost fände. Kleine Grundstücke bieten oft durch das Geschick des Architekten reichlich Raum, und auch einen ganz engen Fußbreit Boden macht richtige Planung bewohnbar. Bediene dich der Vernunft gegenüber den Schwierigkeiten! Härte kann gemildert, Enge geweitet werden, schwere Lasten den weniger bedrücken, der sie zu tragen weiß."[248]

„Wenn du aber wünschst, das Ziel deiner Bestrebungen nicht zu verfehlen, so kannst du das erreichen. Übe also, was du kannst! Derjenige ist Herr über einen anderen, der die Macht hat, ihm zu geben, was er will, und von ihm fern zu halten, was er nicht will. Wer frei sein will, soll also weder erstreben noch vermeiden wollen, was in eines anderen Macht steht, sonst wird er unweigerlich ein Sklave."[249]

Erwartungen kann und soll man aber stellen an Dinge, die in der eigenen Macht stehen. Diese Dinge darf man anstreben und wollen. Bei diesen Dingen (Denken, Tun, Begehren, Abneigung) soll man sich bemühen und üben und daran arbeiten, soweit und so viel man kann, denn hier ist das Erreichen des Ziels unmittelbar verknüpft mit den eigenen Bestrebungen.

Was für das Wollen gilt, gilt ebenso auch für das Nicht-Wollen, das Vermeiden. Nur das soll erstrebt werden zu vermeiden, was in der eigenen Macht liegt. Wer erwartet, dass nicht eintrifft, was er zu vermeiden trachtet, was aber außerhalb seiner Macht liegt, bemüht sich vergebens. Ein Herr ist, wer die Macht hat, anderen zu geben, was sie erstreben bzw. fern zu halten, was sie zu vermeiden trachten.

Was ‚am Ende des Tages' wirklich in unserer Macht gestanden sein wird, das wissen wir nicht – im Nachhinein gesehen ist man ja immer klüger. Aber über das Ding selbst haben wir sowieso keine Macht. Wichtig ist es, zum Zeitpunkt des Wollens (Handelns, Denkens) eine entsprechende Vorstellung davon zu haben und entsprechend zu agieren. Dekonstruktiv gesprochen steht es nicht in unserer Macht zu wissen, was (tatsächlich) in unserer Macht steht – aber wir können diese Vorstellung haben bzw. gemäß dieser Vorstellung leben. Wir wissen am Morgen auch nicht, ob wir im Laufe des Tages einen schweren Unfall haben werden, aber die ganze Zeit in Angst vor diesem möglichen Unfall zu leben wäre kein schönes Leben, das man führen möchte. Die Kritik mag sogar so weit gehen, dass es in Fällen, die uns die größten seelischen Probleme bereiten, gar nicht in unserer Macht stünde, stoisch zu sein, wenn es wirklich darauf ankäme (inmitten von schweren Konflikten, bei Trennungsangelegenheiten, bei Todesfällen usw.). Wohl nur die stoischen Weisen werden in den extremsten Fällen dem stoischen Ideal entsprechen können. Die Fortschreitenden können sich zumindest daran orientieren und mit der stoischen Haltung Linderung finden.

Wollen/Erstreben bzw. Vermeiden ist die Einstellung zu den Vorstellungen von Dingen. Die äußeren Dinge liegen jenseits unserer Macht, die Vorstellungen liegen innerhalb unserer Macht, die Einstellung zu diesen Vorstellungen zeigt, ob wir in diesen Belangen mit Vernunft, nach Epiktets Regel, handeln bzw. denken, denn „glücklich ist derjenige, dem die Vernunft den Gesamtzustand seiner Verhältnisse als angenehm erscheinen lässt.“[250]

„Unsere nächste Aufgabe wird sodann sein, die Mühe nicht für unnütze Ziele in unnützer Weise zu vergeuden, d. h. nicht auf Unerreichbares unser Streben zu richten oder erst im Erfolg die Bedeutungslosigkeit der erstrebten Gegenstände zu spät nach vielem Schweiß einzusehen; d. h. es soll unser Mühen nicht entweder in Erfolglosigkeit scheitern oder der Erfolg dem Aufwand unangemessen sein. Denn die Folge davon ist meist Enttäuschung, wenn Erfolg ganz ausbleibt oder hinter den Erwartungen zurückbleibt.“[251] „Es soll also alles Mühen irgendein Ziel, irgendeine Blickrichtung haben!“[252] „Wir wollen das aufgeben, was entwe-

der gar nicht oder nur mit Schwierigkeiten verwirklicht werden kann, und naheliegende, unseren Hoffnungen sich anbietende Ziele verfolgen, aber doch uns vergegenwärtigen, dass alles gleich unbedeutend ist, wenngleich es nach außen verschiedene Erscheinungsformen zeigt: Sein innerer Wert ist gleich bedeutungslos."[253]
„Auch wir müssen uns als anpassungsfähig erweisen, damit wir nicht allzu sklavisch einmal gefassten Beschlüssen anhängen, und den Weg finden zur Bewältigung der Lage, in die uns der Zufall gebracht hat, ferner sollen wir nicht zurückschrecken vor Änderungen einer Absicht oder eines Zustandes, freilich vorausgesetzt, dass nicht Leichtfertigkeit, der der Ausgeglichenheit am meisten feindliche Fehler, uns bestimmt. Denn Hartnäckigkeit, der das Schicksal oft etwas entwindet, muss oft mit bangem Sorgen und Unglück verbunden, und andererseits Leichtfertigkeit, die sich auf kein Ziel beschränkt, viel schwerere Belastung sein. Beide Fehler sind eine Bedrohung innerer Ausgeglichenheit: nichts verändern und nichts vertragen zu können."[254]
Seneca ergänzt das Thema noch um einen entscheidenden Punkt – den inneren Wert, den wir auf etwas, auf ein Ziel legen. Sich Ziele bzw. Vorsätze zu geben, die man dann sowieso nicht einhalten möchte bzw. kann, ist sinn- und wertlos. Ebenso ist es nicht gut, sich so hohe Ziele zu setzen, die man kaum bzw. nur mit größten Mühen erreichen kann. Jede Zielsetzung soll gründlich überlegt sein, bevor man sie verfolgt. Wenn man dann das gesetzte Ziel verfolgt, soll man nicht sklavisch dem Ziel nachrennen, weil man dem Ziel einen zu hohen inneren Wert zugewiesen hat. Wir selbst bestimmen unsere Ziele, und welchen Wert wir diesen Zielen zumessen. Gesteckte Ziele – vor allem langfristige – sollen immer wieder reflektiert werden, denn leicht mag sich das Umfeld geändert haben, Voraussetzungen für das Erreichen der Ziele mögen weggefallen sein usw. Einfach nur stur ein Ziel zu

verfolgen und sich dafür alle Mühen aufzubürden bzw. in Kauf zu nehmen, verursacht nur Sorgen und Unglück. Man soll flexibel sein – wenn etwas nicht erreicht werden kann, dann soll man das akzeptieren. Wenn die Mittel durch den Zweck nicht gerechtfertigt werden, dann soll man den Zweck hinterfragen und gegebenenfalls ändern. Es ist unsere innere Bereitschaft, die uns ermöglicht bzw. hindert, etwas zu tun. Wir legen den inneren Wert selbst fest, darum können wir ihn auch ändern, jederzeit, mit Vernunft, Maß, Weitsicht und Verantwortung sich und seinen Mitmenschen gegenüber.

Grundsätzlich ist es besser, sich kleine und leicht erreichbare Ziele zu setzen, weil diese unsere innere Ruhe weniger leicht gefährden, sollte es zu Fährnissen kommen. Große und komplexe Ziele können unseren Geist und unsere Seele leichter belasten – lassen wir das einfach nicht zu, indem wir mögliche Probleme bereits im Vorfeld vermeiden. Das gleiche gilt sinngemäß auch für Aufgaben. Wenn man noch eine große Menge an Aufgaben zu erfüllen hat, soll man sich nicht die große Menge vorstellen, die nur belastet, sondern man soll nur eine Aufgabe davon herausnehmen und sich um diese kümmern. Die anderen Aufgaben sollen währenddessen ausgeblendet werden, damit sie nicht belasten.

Übung: Eine Woche lang, jedes Mal, wenn man etwas will/erstrebt bzw. vermeiden möchte, soll man prüfen, ob es in der eigenen Macht steht oder nicht – wobei Letzteres fast immer der Fall sein wird. Man soll sich bewusst werden, wie viel, was man erstrebt bzw. vermeidet, nicht in der eigenen Macht liegt und somit unsere Freiheit beschränkt und innere Ruhe gefährdet.

Zweite Übung: Eine Woche lang die eigenen Ziele überprüfen. Wenn man ein Ziel findet, das nicht erreicht werden kann, oder dessen (Nicht)Erreichen belastet, soll man flexibel sein und die Zielsetzung ändern bzw. an die Wirklichkeit anpassen.

10. Wer unüberwindlich und frei ist

„Du kannst als unbesiegbar dastehen; du musst dich nur in keinen Kampf einlassen, in dem der Sieg nicht von dir abhängt."[255]

Hier schimmert etwas durch, was unstoisch erscheint – dass es grundsätzlich immer darum ginge, siegreich zu sein, als der Beste da zu stehen. Ich meine nicht, dass es das Ziel des Stoikers ist, sich immer als Sieger zu fühlen, als solcher da zu stehen. Ich halte diese Aussage Epiktets speziell an sein römisches Publikum aus den höheren Gesellschaftsschichten gerichtet. Er wählt eine Formulierung, um die Söhne der Eliten markant anzusprechen und zu locken. Dass dies nicht Epiktets stoische Grundüberzeugung ist und er schon erwartet, dass seine Schüler seine Lehre wirklich verinnerlichen, zeigt auch der nächste Absatz seines Zitats, der an ein ganz anderes Publikum gerichtet ist (siehe unten).

Über die äußerlichen Dinge hat man keine Macht, wer also seinen Sieg von äußerlichen Dingen abhängig macht, wird nicht mit Gewissheit gewinnen können. Nur wer seinen Sieg von Dingen abhängig macht, die in der eigenen Gewalt stehen, wird sicherlich obsiegen können. Auf unzuverlässige Partner kann und soll man in kritischen Situationen nicht bauen. Man muss sich in Konflikten ausschließlich auf verlässliche Partner verlassen, wenn man den Sieg davontragen möchte.

„Siehst du einen hochgeehrt, vermögend oder sonst wie angesehen, so hüte dich, vom Schein getäuscht, ihn glücklich zu preisen. Denn wenn das Wesen des Guten zu dem gehört, was in unserer Macht steht, so ist solchen Leuten gegenüber weder Neid noch Eifersucht am Platze. Du selbst willst doch weder Feldherr noch Senator, noch Konsul sein, sondern wahrhaft frei. Dazu führt aber nur ein Weg: Verachtung dessen, was nicht in unserer Macht steht."[256]

Äußerliche Ehrungen, Vermögen, Ansehen usw. sind nach Epiktet bloß Schein und stellen nur in unserer Vorstellung einen Wert dar. Da man über diese äußerlichen Dingen keine Macht hat, über sie nicht wirklich verfügen kann, und sie jederzeit wieder verloren gehen können, soll man sie weder erstreben noch jemanden beneiden, der diese Dinge zur Schau stellt, da auch derjenige dieser Dinge nicht eigen ist und keine Gewalt über sie hat.

Das Wesen des Guten ist gemäß der Stoa die Tugend, und die können wir durch die in unserer Macht liegende Vernunft erlangen. Zum Ausdruck kommt die Tugend (Klugheit, Gerechtigkeit, Tapferkeit, Mäßigung usw.) im tugendhaften Handeln, Denken und Sein (innere Würde, Redlichkeit, Treue, Rechtschaffenheit usw.), in wahren Gütern also, und nicht in äußerlichen Dingen, in eingebildeten Gütern.

„Alles, was auf irgendeine Weise schön ist, ist in sich schön und vollendet und bedarf des Lobes nicht. Das Lob macht das Gelobte weder besser noch schlechter. Das Gesagte gilt von allem, was man von den Werken der Natur und der Kunst gemeinhin schön nennt. Was wirklich schön ist, braucht kein Lob, ebenso wenig wie das Gesetz, die Wahrheit, das Wohlwollen, die Ehrbarkeit. Wie könnten diese Dinge durch Lob oder Tadel verbessert oder verschlechtert werden? Ein Smaragd bleibt ein Smaragd, mag er gelobt werden oder nicht. Ist es nicht ebenso mit dem Gold, dem Elfenbein, dem Purpur, der Leier, dem Schwert, der Blume und dem Strauch?“[257]

Äußerliche Dinge wie Ehrungen, Vermögen, Ansehen usw. machen nicht wahrhaft glücklich. Man soll kein Lob von anderen erwarten, nicht danach streben, nicht danach verlangen. Wenn man Lob erhält, dann kann man es annehmen. Aber Lob macht eine an sich schon gute Tat nicht besser.

„Wenn du es durchhältst, leidenschaftslos zu sein, dich nicht niederdrücken zu lassen, ruhig zu sein, wenn du mehr auf das siehst, was vorgeht, und dich nicht selbst zum Schauspiel machst, wenn du die nicht beneidest, die die ersten Stellen innehaben, wenn du dich von den Dingen nicht hinreißen lässt, was brauchst du dann noch?“[258]

Wer vermeint, äußerliche Dinge wie Ehrungen, Vermögen und Ansehen zu brauchen, soll nur danach streben und Politiker, Wirtschafter, Schauspieler usw. werden (und den Preis dafür zahlen: „Diese Dinge gewinnt man auf Kosten des Lebens.“[259]). Wer sich aber zum Lebensziel gesetzt hat, innerlich frei und glücklich zu sein, braucht dazu keine äußerlichen Ehrungen. Wer wirklich frei sein will, soll sogar alle äußerlichen Dinge, alle Ehrungen, alles Vermögen, alles Ansehen, also alles, was nicht in unserer Macht steht, verachten, denn das alles ist für Freiheit, Glück und Tugend bedeutungslos.

„Betrachte, von welchen Grundsätzen die Menschen beherrscht, mit welchen Dingen sie sich abgeben, achte auf die Gründe ihrer Zuneigung und Hochachtung, mit anderen Worten: Suche ihr Inneres ohne alle Hüllen zu erkennen. Wie töricht ist es, wenn sie glauben, durch ihren Tadel schaden oder durch ihr Lob sich nützen zu können.“[260]

Um unüberwindlich und frei zu sein, ist es hilfreich, sein Gegenüber, die Mitmenschen zu erkennen. Wenn man ihre Haltung erkennt, ihre Absichten entlarvt, ist es leichter, mit ihren Handlungen umzugehen, weil man diese dann besser deuten, verstehen kann. Steht das Gegenüber erst einmal entblößt vor einem, dann können dessen Taten und Worte einem nichts anhaben. Lob und Tadel sind dann nur mehr offensichtliches Mittel zum Zweck eines anderen.

Übung: Eine Woche lang andere Menschen beobachten, was sie tun, was sie sagen, wie sie sich bewegen und dabei herausfinden, wie sehr sie dabei dasjenige begehren oder dagegen abgeneigt sind bzw. welchen Wert sie dem beimessen, was sie tun, sagen, wie sie sich bewegen. Es gilt zu beobachten, wie sehr die Menschen etwas wollen, anstreben, erwarten; wie sehr sie bereit sind, durch den Zweck die Mittel zu heiligen.
Danach eine Woche lang die gleiche Übung bei sich selbst anwenden – sich selbst beobachten, was man tut, was man sagt, wie man sich bewegt und dabei herausfinden, wie sehr man dabei dasjenige begehrt oder dagegen abgeneigt ist; welchen Wert man dem beimisst, was man tut, sagt oder sich bewegt; wie sehr man etwas will, anstrebt, erwartet und dabei bereit ist, den Zweck die Mittel heiligen zu lassen.

11. Bewahre deine Haltung!

„Du würdest unwillig sein, wenn jemand dem ersten Besten auf der Straße deinen Körper überließe. Dass du aber dem ersten Besten dein Gemüt überlässt, so dass es über seine Beleidigungen außer sich gerät, dessen solltest du dich nicht schämen?“[261]
Hier stellt Epiktet einen provokanten Vergleich an, er setzt den Körper mit dem Gemüt gleich, um die Reaktion des Lesers auf den Punkt zu bringen. Der Vergleich hinkt zwar, weil wir unseren Körper und unseren Geist einfach unterschiedlich wahrnehmen, aber schlussendlich geht es hier wieder um unsere Vorstellung, diesmal von uns selbst, und es ist klar, worauf Epiktet hinaus will. Würden wir es zulassen wollen, dass irgendein Fremder unserem Körper etwas antut? Würden wir es zulassen wollen, dass irgendein Fremder unserem Gemüt etwas antut? In beiden Fällen lautet die Antwort im Normalfall nein. Überlassen wir unseren Körper einem beliebigen Fremden, damit er diesem etwas anhaben kann?

Nein! Überlassen wir unser Gemüt einem beliebigen Fremden, damit er diesem etwas anhaben kann? Ja, nur allzu gerne lassen wir es zu, dass Beleidigungen, Spott usw. irgendeines Fremden unser Gemüt aufregen. Es geht hier nicht darum, dass man Beleidigungen und Spott durch Handlungen (Auftreten, Gesten, Worte etc.) nach außen nicht zulassen oder gar unterbinden soll, wenn man sich beleidigt oder verspottet fühlt. Im Gegenteil, Epiktet rät, eine (stoische) innere Haltung einzunehmen bzw. bereits innezuhaben, und auf diese Weise bereits im Vornherein mit einer Gemütsruhe, mit Gleichmut Beleidigungen und Spott ‚einfach' an sich verpuffen, abprallen zu lassen. Es spielt dabei schlussendlich nicht einmal eine Rolle, ob man eine (absichtliche) Beleidigung als solche erkennt oder nicht – wobei ich es für besser halte, sie (geistig) zu erkennen – also Beleidigung schon einmal erfahren zu haben –, um das Wissen über die Tatsache zu erhalten und nicht naiv unwissend die Situation vorbeigehen zu lassen. Man darf Beleidigungen usw. als solche zwar wahrnehmen, diese aber innerlich nicht an sich heran lassen. Worte bzw. Gesten werden erst dann zu Beleidigungen und Spott, sobald man diese innerlich (emotional) als solche aufnimmt. Entzieht man durch die rechte innere Haltung das eigene Gemüt den Beleidigungen und dem Spott von anderen, fühlt man sich auch nicht mehr beleidigt bzw. verspottet.

„Auch der Körper muss eine feste Haltung haben und darf sie nicht verlieren, weder in der Bewegung noch in der Ruhe. Denn wie sich die denkende Seele in deinen Gesichtszügen widerspiegelt und sich Besonnenheit und Beherrschung darin zeigen, so gilt Ähnliches für den Körper. Nur muss das ganz ungezwungen geschehen."[262]

Marc Aurel weist darauf hin, dass zur rechten inneren Haltung auch eine entsprechende äußere, körperliche Haltung gehört.

Entscheidend für die stoische Lehre ist zwar die innere Haltung, aber die körperliche Haltung ergänzt die innere Gemütsverfassung, weil man durch diese Einheit von Körper und Seele der Zerrissenheit vorbeugt und leichter eins wird/ist mit sich selbst. Die Augen, so sagt man heute, sind der Spiegel zur Seele. Der gesamte Körper transportiert ebenso die innere Verfassung nach außen – die stoische Haltung soll auch in der körperlichen Haltung (für jeden) sichtbar sein. Und – zu Recht wird darauf hingewiesen – die stoische Haltung des Körpers darf nicht geschauspielert oder gekünstelt sein, sondern muss wahrhaft und authentisch von innen heraus kommen. Man soll es einfach zulassen: Je fortgeschrittener, gefestigter die innere Haltung ist, umso deutlicher und authentischer tritt diese Haltung dann automatisch auch körperlich hervor.

Zum Abschluss dieses Themas noch eine beißende Mahnung des ‚Philosophen auf dem Kaiserthron': „Es ist lächerlich, der eigenen Schlechtigkeit nicht zu entfliehen, was doch möglich ist, dagegen aber vor der der anderen fliehen zu wollen, was unmöglich ist."[263]

Übung: Konflikte, also Beleidigungen, Spott usw. sind (meist) nichts anderes als Rufe nach Aufmerksamkeit, Nähe, Verbundenheit – besonders, wenn es häufiger bzw. regelmäßig passiert. Eingedenk dessen soll man nun zuerst eine Woche lang als Dritter beobachten, wie Konfliktsituationen ablaufen, wenn jemand einen anderen beleidigt bzw. verspottet. Besonders sind die Mechanismen bzw. die Muster, die Aktionen des ‚Angreifers', als Versuche zum Aufbau von Verbundenheit, und die Reaktionen des Angegriffenen, als gegenseitiges Wechselspiel zu beobachten.

Danach soll man eine Woche lang sich selbst beobachten, wenn man in einer solchen Konfliktsituation ist. Wiederum ist im Hinterkopf zu behalten, dass Konflikte Versuche eines Aufbaus von Aufmerksamkeit, Nähe bzw. Verbundenheit sind. Schwerpunkt der eigenen Beobachtung liegt auch hier im Wechselspiel der Mechanismen, besonders natürlich im Beobachten bzw. Erkennen der Mechanismen bzw. Muster in einem selbst – wie eine Aktion eine/welche Reaktion im eigenen Gemüt auslöst.

12. Pflichten des Menschen

„Jede Lebensstellung hat ihre Pflichten. Dieser Mann ist dein Vater. Es versteht sich, dass du ihn pflegst, ihm überall das Vorrecht einräumst, Schimpfen und Schläge geduldig hinnimmst. Aber er ist ein schlechter Vater! Musst du von Natur aus mit einem guten Vater verwandt sein? Nein, nur mit einem Vater. Dein Bruder tut dir unrecht. Erfülle du nur deine Aufgabe ihm gegenüber. Kümmer dich nicht darum, was jener tut, sondern was du tun musst, um deiner natürlichen Bestimmung gemäß zu leben. Dir kann ja ein anderer nicht schaden, wenn du es selbst nicht willst. Du bist geschädigt, wenn du glaubst, es zu sein. So wirst du auch die Pflichten eines Nachbarn, eines Bürgers, eines Beamten erkennen, wenn du dich daran gewöhnst, diese Lebensstellungen aufmerksam zu betrachten."[264]

Wenn man weiß, wer man ist, und worüber man verfügt, weiß man auch um seine Pflichten Bescheid. Menschen sind auf jeden Fall einmal „Weltbürger" und verfügen über einen „freien Willen", über „Vernunft" und „Bewusstsein". Aus Fähigkeiten ergibt sich die ethische Pflicht der Verantwortung darüber bzw. dazu. Menschen bzw. Bürger sind Teil eines Ganzen. „Das Ganze ist [aber] wichtiger als ein Teil"[265].

Jeder Mensch hat darum ethische Pflichten, jeder hat das zu tun, was die natürliche Bestimmung vorgibt. Die Vernunft gebietet der Pflicht, die Pflicht entspringt der Vernunft (*logos*-Gott-Natur); aus Vernunft heraus hat man die Pflicht zu erfüllen. „In Wahrheit ist es aber auch ein Gut, den Pflichten der Lebensstellung nachzukommen [...].“[266] Nur weil es andere gibt, die ihren Pflichten nicht nachkommen, ist das kein Grund, selbst seinen Pflichten ebenso nicht nachzukommen. Wer ein Sohn/eine Tochter ist, hat auch zu handeln wie ein guter Sohn/eine gute Tochter. Wer Bruder/eine Schwester ist, hat auch zu handeln wie ein guter Bruder/eine gute Schwester. Wer ein Vater/eine Mutter ist, hat auch zu handeln wie ein guter Vater/eine gute Mutter. Wer ein Ehepartner ist, hat auch zu handeln wie ein guter Ehepartner. Wer ein Freund ist, hat auch zu handeln wie ein guter Freund. Wer ein Arbeitskollege ist, hat auch zu handeln wie ein guter Arbeitskollege. Wer ein Mitmensch ist, hat auch zu handeln wie ein guter Mitmensch. Auch wenn man selbst nicht so behandelt wird, wie es sein soll bzw. wie man selbst behandelt werden möchte, so hat man dennoch seine Pflichten, seine Aufgaben dem anderen, der Gemeinschaft gegenüber zu erfüllen. Jeder hat seiner „natürlichen oder übernommenen Stellung gemäß“[267] zu leben. Diese Bestimmung ergibt sich aus der Natur der Sache (Bruder, Mutter, Freund, Kollegin, Mitmensch usw.) sowie aus den ethischen Pflichten. Jeder weiß, jeder empfindet selbst, was die ethische Pflicht in einer Gesellschaft ist, wie man sich ethisch recht und gut zu verhalten hat. Jede Lebensstellung hat ihre Pflichten, und man hat sich in jeder Lebensstellung gemäß ethischer Werte (innerer Würde, Redlichkeit, Rechtschaffenheit, Treue usw.) zu verhalten. Jeder hat das Seine recht zu tun – denn wenn nicht, ist man ein schlechter Vater, Sohn, Bruder, Bürger, Nachbar usw. „Niemand ist böse, ohne Verlust oder Strafe dabei zu erleiden.“[268]

Falls man selbst einmal nicht entsprechend behandelt wird, empfiehlt Epiktet, die rechte Haltung, die richtige Einstellung innezuhaben und in Gleichmut zu verbleiben. Eine schlechte bzw. falsche Behandlung ist und bleibt zwar eine schlechte bzw. falsche Behandlung (- ein äußerliches Ding), aber sie kann einem nur dann etwas Schlechtes anhaben, wenn man es zulässt, wenn man glaubt, wenn man die Vorstellung hat, dass sie einem etwas Schlechtes anhaben kann.

Da Menschen über ein Bewusstsein verfügen, leben bzw. handeln sie auch mit Bewusstsein. Unser Handeln ist unser eigen, wir können darüber verfügen, uns entscheiden, wie wir handeln. Unser Handeln soll dabei von Vernunft bestimmt sein. Vernunftgemäß ist es dann, wenn wir „in rechter Art, in einer gewissen Ordnung und unserer Natur und Anlage gemäß handeln, so werden wir unser Endziel [...] erreichen."[269]

Wie Pflicht begrifflich zu verstehen ist, beschreibt Cicero wie folgt: „Jede Handlung muss von Unachtsamkeit und Nachlässigkeit frei sein, und man darf nichts tun, wofür man nicht einen überzeugenden Grund angeben kann. So etwa kann man den Begriff ‚Pflicht' umschreiben. Man muss nämlich zu erreichen versuchen, dass die Begierden der Vernunft folgen und ihr nicht zuvorkommen, noch aus Trägheit oder Feigheit hinter ihr zurückbleiben [...]."[270] Auch er leitet die Pflicht von der Vernunft ab und stellt sie über die eigenen Begierden (und Neigungen). Die Pflicht ist zu erfüllen, egal ob man gerade mag oder nicht – dass die Pflichterfüllung grundsätzlich nicht als Müssen, sondern als Dürfen aufzufassen ist, ergibt sich sowieso aus der richtigen inneren Haltung.

Noch eindringlicher und rigoroser schreibt Marc Aurel über die Pflichterfüllung: „Wenn du tun willst, was deine Pflicht ist, so kümmere dich nicht darum, ob du vor Kälte zitterst oder vor Hitze glühst, ob du müde bist oder genug geschlafen hast, ob man von dir Gutes oder Böses redet, ob du wegen deines Handelns stirbst oder etwas anderes zu erleiden hast. Auch das Sterben ist ja eine der Aufgaben unseres Lebens. Es genügt, dass du sie angemessen löst, wenn sie dir gestellt wird."[271] „Wer sich vergeht,

vergeht sich an sich selbst, wer Unrecht tut, handelt an sich selbst unrecht, indem er sich sittlich schlecht macht."[272] Seneca fasst zusammen: „Denn was hindert uns, als das glückliche Leben einer Seele zu bestimmen, die frei ist und aufrecht und unerschrocken und standhaft, die jenseits von Begierde steht, für die das einzige Gute die Sittlichkeit, das einzige Übel die Unsittlichkeit ist, das Übrige aber ein wertloser Haufen von Dingen, der dem glücklichen Leben weder etwas entzieht noch ihm etwas hinzufügt."[273]

13. Mäßigung, Selbstdisziplin, Selbstkontrolle, Selbstdarstellung

„Da der Mensch weder nur Seele ist noch nur Körper, sondern ein aus diesen beiden zusammengesetztes Wesen, muss sich der Übende um beides kümmern, jedoch mehr um das Bessere, wie sich das gehört, das heißt um die Seele; aber auch um das andere, wenn kein Teil des Menschen verkümmern soll. [...] Die beiden gemeinsame Übung erfolgt, wenn wir uns zugleich an Kälte und Hitze, Hunger und Durst, einfache Kost und ein hartes Lager gewöhnen sowie an Enthaltung von Genüssen, Ertragen von schweren Anstrengungen. Denn durch Übungen dieser und ähnlicher Art wird der Körper gestählt und an Beschwerden gewöhnt und abgehärtet, überhaupt tüchtig zu jeder Leistung. Es wird aber auch die Seele gestärkt, indem sie sich durch das Ertragen von Mühsal in Tapferkeit übt und durch die Enthaltung von Lüsten in Selbstzucht."[274]

Musonius vertritt hier hinsichtlich der Leib-Seele-Dichotomie eine andere Auffassung als Epiktet. Der didaktische Zusammenhang ist hier aber auch ein anderer. Man soll sich nicht zu sehr verwöhnen, damit man das Besondere immer wieder aufs Neue zu schätzen weiß; Abwechslung üben, damit man auch das Normale immer wieder aufs Neue zu schätzen weiß; Einfachheit leben, alles andere macht das Leben nur kompliziert. Das Glück ist einfach. Je weniger man durch die äußerlichen Dinge, durch Kompliziertes belastet ist, desto leichter findet man das Glück, welches verborgen ist unter den selbst auferlegten Lasten, hinter kompliziertem Denken usw.

„Es ist auch dies eine nicht leichtzunehmende Ursache von Bekümmernissen, wenn du dir ängstlich eine Rolle aufzwingst und dich niemandem einfach so, wie du bist, zeigst – ein Lebensstil der Unaufrichtigkeit und der Schauspielerei, wie ihn viele pflegen. Zur Qual wird nämlich ständige Selbstbeobachtung: Da fürchtet einer bei einem anderen als seinem gewöhnlichen Gebaren ertappt zu werden. Wir werden die Sorge nie los, wenn wir uns so oft beurteilt wie beobachtet fühlen. Es treffen ja viele Vorfälle ein, die uns gegen unseren Willen bloßstellen, und mag auch so unermüdliche Selbstkontrolle erfolgreich sein, so ist das Leben von Leuten, die stets unter einer Maske leben, doch nicht sorglos und nicht angenehm. Wie viel Vergnügen bereitet dagegen jene ungeschminkte und schmucklose Schlichtheit, die durch nichts ihren Charakter bemäntelt. Aber auch dieses Leben setzt sich der Gefahr der Herabwürdigung aus, wenn alles sich aller Anblick darbietet. Manche Leute haben ja an allem aus ihrer näheren Umgebung herumzunörgeln. Aber es besteht für die Tugend nicht die Gefahr, dass sie bei naher Betrachtung in geringem Wert erscheint, und es ist besser, aufgrund schlichter Lebenseinstellung herabgesetzt als wegen dauernder Verstellungskunst gequält zu werden. Indessen wollen wir bei der Sache Maß walten lassen: Groß ist der Unterschied, ob du in Schlichtheit oder Gleichgültigkeit lebst.“[275]

Es ist bloß eine Vorstellung, zu glauben, nicht so sein zu dürfen, wie man ist. Und eigene Vorstellungen können ja bekanntlich geändert werden. Man kann es sowieso nie allen recht machen.

Warum soll man sich dann den Aufwand antun, anderen etwas vorzuspielen, um sich nicht (vermeintlich) bloß zu stellen bzw. anderen zu gefallen. Es ist auf jeden Fall leichter, nicht zu schauspielern. Und ebenso ist es meist besser, nicht zu schauspielern, sondern authentisch zu sein. Es ist ungemein befreiend, so sein zu dürfen, wie man ist, ohne ständig nachdenken zu müssen, dass das eigene Verhalten ja angemessen ist. Gleichwohl gibt es auch Leute, die die Verstellung ungemein genießen und guten Grund dafür haben. Wenn es von innen kommt, der eigenen Natur entspricht, dann ist das ja auch in Ordnung. Schlecht ist es, wenn es von außen (vermeintlich) ‚aufgezwungen' wird. Es ist wiederum ‚nur' eine Sache der inneren Haltung zu akzeptieren, wie man ist und so zu handeln und zu sein, wie man ist.
Oft merkt man nicht, dass man eigentlich schauspielert. Wenn man jedoch bemerkt, dass man häufig bzw. ständig nachdenken muss (zu müssen vermeint), wie man wann und wie zu sein hat, dann ist das ein untrügliches Anzeichen dafür. Um authentisch zu sein, soll man auf sein Inneres hören – man spürt (im Bauchraum), wenn das eigene Verhalten bzw. Handeln passt, also authentisch ist, oder nicht. Möglicherweise bzw. meist benötigt man etwas Übung darin, sein Bauchgefühl zu erspüren.
„Alle die Dinge, die zur Annehmlichkeit des Lebens beitragen, wie sie das Glück in Fülle spendet, [soll man] bescheiden und doch ohne jedes Bedenken [...] gebrauchen, [...] wenn sie da [... sind], ganz unbefangen [... nutzen], wenn sie aber [... fehlen], ihrer nicht [... bedürfen]."[276]
Hier wird die stoische Haltung zu diesem Thema auf den Punkt gebracht: Man darf nützen, man soll aber nicht danach streben. Annehmlichkeiten, Vorzüge, ja sogar Luxus dürfen frei, mit einer bescheidenen inneren Haltung(!) genutzt und angewendet werden, so sie zur Verfügung stehen. Wenn sie nicht zur Verfü-

gung stehen, dann soll man sie weder anstreben noch vermissen. Es darf kein innerer Zwang, kein Müssen, aufkommen bzw. vorhanden sein. Man soll nur wollen, was ist, man darf nützen, was ist. Was nicht ist, kann nicht genützt, soll nicht gewollt werden. Hier könnte man Marc Aurel eine herrische Gesinnung vorwerfen, dass Arme ja mit dem Wenigen zufrieden sein sollen, das sie haben und nicht begehren sollen, was die Elite an Reichtum und Luxus besitzt. Es würde zur römischen Gesinnung jener Zeit passen, ich schätze Marc Aurel aber nicht so ein.

Um zu diesem stoischen Umgang zu gelangen, der schlussendlich frei, bescheiden und unbefangen von statten geht, wie Marc Aurel es beschreibt, gehört, neben der richtigen Einstellung, praktische Übung. Wie Musonius schreibt, sollen Geist und Körper durch Mäßigung, Selbstdisziplin und Selbstkontrolle daran gewöhnt werden. Wenn man dies verinnerlicht hat, sobald man damit eins geworden ist, wurde Marc Aurels Idealzustand erreicht.

Übung: Eine Woche lang soll man bei allen möglichen Gelegenheiten eingedenk sein, wie wenig man eigentlich wirklich braucht, um etwas zu tun, zu schaffen, glücklich zu sein. Man soll sich klar werden, wie viel unnötigen Aufwand man eigentlich betreibt, wie viel Ballast man mitschleppt, um etwas zu erreichen. Und darüber hinaus soll man auch die Ziele, den Zweck des Erstrebens hinterfragen, ob es überhaupt notwendig, sinnvoll, nützlich ist, diese zu verfolgen bzw. anzustreben. Meist ist es die Last der großen Dinge, die man verspürt, aber gerade die vielen Kleinigkeiten summieren sich schließlich zu einer besonders großen Last, weshalb es sich anbietet, gerade bei den kleinen Dingen zu beginnen.

Hier ein paar Beispiele zur Inspiration:

Brauche ich wirklich das multifunktionale Mundhygieneset, bei dem immer etwas kaputt geht, um meine Zähne zu reinigen?

Reicht nicht auch eine einfache Handzahnbürste mit einer verbesserten und schnell erlernten Putztechnik?
Muss ich an der Kreuzung, wenn die Ampel auf Gelb schaltet, schnell noch Gas geben, um hinüber zu kommen? Habe ich nicht Zeit und Ruhe gewonnen, wenn ich einfach stehen bleibe?
Brauche ich für das Essen unbedingt die eine Zutat aus dem Delikatessengeschäft, zu dem ich mit dem Auto ein halbe Stunde fahren müsste? Reicht nicht auch die Zutat aus dem Supermarkt um die Ecke?
Muss ich wirklich spät nachts vor dem Schlafengehen noch schnell den Bericht für die Arbeit morgen überarbeiten, was länger dauern kann? Oder ist es nicht besser, zeitig zu Bett zu gehen, gut zu schlafen und erholt morgen zur Arbeit zu gehen?
Brauche ich wirklich neue Schuhe für den Ball am Wochenende? Reicht es nicht, wenn ich meine alten Schuhe ordentlich putze und eine andere Hose als sonst üblich anziehe?
Soll ich noch den letzten köstlichen Knödel essen, obwohl ich schon satt bin? Oder bewahre_ich ihn lieber auf und freue mich, ihn am nächsten Tag als Nachspeise mit Sauce essen zu dürfen?
Muss ich die Beleidigung des Nachbarn wirklich auskontern – um vor meinen Freunden gut da zu stehen?
Zweite Übung: Eine Woche lang soll man sein Erspüren üben (Druck im Magenbereich), – im Oberbauch, unterhalb des Solar Plexus, oberhalb des Bauchnabels – indem man bewusst auf diese Stelle hinschaut, um es innerlich wahrzunehmen. Der Druck setzt in der Regel dann ein, wenn man sich ärgert, Recht haben will, gewinnen will usw. Indem man den Blick auf diesen Punkt fixiert, verschwindet der Ärger (der ja nur ein innerer Druck ist) etc.

14. Was man beim eigenen Handeln beachten soll

„Sieh nicht auf die Prinzipien anderer, sondern achte nur darauf, wohin die Natur dich leitet, sowohl die allgemeine Natur, durch das, was sie dir zusendet, als auch die eigene Natur mit ihren Forderungen. Denn jeder hat das zu vollbringen, wozu seine Naturanlagen ihn befähigen."[277]

Marc Aurel differenziert hier zwei Seiten der Natur – die allgemeine, äußere Natur (*logos*-Gott-Natur) sowie die eigene, innere Natur (einerseits als Teil *logos*-Gott-Natur, andererseits das eigene, persönliche Wesen, der Charakter, das Ergebnis unserer genetischen Programmierung). Beide Naturen bzw. beide Seiten der Natur werden in der stoischen Lehre meist nicht explizit differenziert, sondern zusammengefasst behandelt, da die persönliche, eigene Natur als Teil der Gesamtnatur angesehen wird und beim Idealzustand des stoischen Weisen auch tatsächlich harmonisiert sein soll. Beim Fortschreitenden und erst recht beim Ungebildeten ist jedoch eine Differenz gegeben – die eigene Natur ist noch nicht mit der *logos*-Gott-Natur abgestimmt, was erst durch den Lernprozess geschieht. Eins sind beide Naturen nie, da die allgemeine Natur größer, umfassender ist als die eigene Natur, die eben nur ein Teil davon ist, weswegen man von der allgemeinen Natur immer noch etwas lernen kann. Die *logos*-Gott-Natur gibt dem Menschen Inspiration, Anleitung, aber auch Gaben, Geschenke usw., alles, was der Mensch braucht. Der Mensch lebt in der Natur, er braucht die Natur, er erhält von der Natur. Die Forderungen der eigenen Natur sind einerseits die Grundbedürfnisse wie Luft zum Atmen, Wasser und Speise, andererseits auch die persönlichen Bedürfnisse wie soziale Interaktion, Neigungen, Abneigungen usw. Menschen werden von der Natur unterschiedlich beschenkt, ausgestattet mit Naturanlagen, Talenten. Da der Mensch Teil der Natur ist, hat er die Pflicht, sich gemäß seinen Naturanlagen zu verhalten, seine Talente auszuleben, umzusetzen – für sich selbst und für die Gemeinschaft.

„Gehe allezeit den kürzesten Weg, denn dieser ist der naturgemäße. Das heißt: Folge in allem Reden und Tun der gesunden Vernunft. Ein solches Verhalten wird dir tausendfach Mühe und Ärger ersparen und dich von Hochmut und Eitelkeit befreien."[278]

Für unsere Umsetzung heute möchte ich hier zusätzlich auf einen ‚Großen' des 20. Jahrhunderts zurückgreifen. Albert Einstein sagte einmal: „Nach unserer bisherigen Erfahrung sind wir zum Vertrauen berechtigt, dass die Natur die Realisierung des mathematisch denkbar Einfachsten ist."[279] Der naturgemäße Weg ist also ‚der mathematisch denkbar einfachste' – das trifft es wohl noch besser als ‚der kürzeste'. Die gesunde, naturgegebene Vernunft erkennt den naturgemäßen Weg, denn sie ist Teil der *logos*-Gott-Natur. Man soll sein Leben nicht verkomplizieren, sich keine unnötigen, zusätzlichen Lasten aufbürden, sich von Begierden und Untugenden befreien. Eingedenk dessen soll man leben, soll man handeln: „Warum lässt du dich durch äußere Dinge so sehr beeinflussen? Nimm dir Zeit, etwas Gutes zu lernen, und höre auf herumzuirren. Doch hüte dich noch vor einem anderen Fehler: Es ist auch töricht, sich geschäftig das Leben beschwerlich zu machen durch Handlungen, die kein Ziel haben, worauf alle Wünsche und Vorstellungen gerichtet sind."[280]

„Wie die einzelnen Glieder eines Körpers, so verhalten sich trotz ihrer Trennung die einzelnen vernunftbegabten Wesen zueinander. Auch sie sind dazu geschaffen, als Gemeinschaft zusammenzuwirken. Die Wahrheit dieser Überlegung wirst du besser begreifen, wenn du dir häufig sagst: Ich bin ein Glied des Organismus, den die vernünftigen Geschöpfe miteinander bilden. Wenn du dich aber nur als ein Teil und nicht als Glied des Ganzen verstehst, so liebst du die Menschen noch nicht von Herzen, so erfreut es dich nicht aus innerer Überzeugung, ihnen Gutes zu tun. Du handelst nur, weil es sich so geziemt, nicht aber, weil es dir selbst wohltut."[281]

Man soll von sich aus wollen, anderen Gutes zu tun, man soll es nicht als Müssen empfinden, sondern als Dürfen. Wer es nur als lästige Pflicht ansieht, hat nicht die richtige Haltung bzw. Einstellung und entzieht damit nicht nur seinen Mitmenschen einen Gemeinschaftsdienst, sondern tut auch sich nichts Gutes, weil er mit der Zeit am inneren Zwang des Müssens zerbrechen wird. Man soll (anderen) Gutes tun, weil es (auch) gut ist für einen selbst – weil man selbst, gemeinsam mit den anderen, Teil der *logos*-Gott-Natur ist. „Arbeite! Aber nicht wie ein Unglücklicher oder wie einer, der bewundert oder bemitleidet werden will, sondern wirke oder halte dich zurück, wie es das Beste für die Gemeinschaft ist."[282] Auf der anderen Seite soll man alles unterlassen, was einem selbst bzw. der Gemeinschaft nichts bringt: „Was dem ganzen Bienenschwarm nicht dient, das dient auch der einzelnen Biene nicht."[283]

Seneca rät darum: „[...] bei weitem am schönsten [ist es], in unserer Aufgabe zu verbleiben. Denn wenn es eine sinnvolle Aufgabe ist, sich seinen Mitbürgern und Mitmenschen nützlich zu erweisen, so erreicht zugleich Übung und Fortschritt, wer sich mitten in seine Verpflichtungen stürzte, indem er nach Kräften Aufgaben für die Gemeinschaft wie für sich wahrnahm."[284]

„Niemand wird es müde, nach seinem Nutzen zu streben, und das tun wir, wenn wir naturgemäß handeln. So werde also nicht müde, deinen Nutzen zu vermehren, indem du den Nutzen der anderen förderst."[285]

Wer der *logos*-Gott-Natur gemäß handelt, der arbeitet auch für seinen Nutzen. Wer naturgemäß handelt, der arbeitet auch für den Nutzen der Gemeinschaft. Es ist gut und recht, den eigenen und gleichzeitig den Nutzen der anderen zu fördern und zu vermehren.

Da man meist den eigenen Nutzen schneller und leichter sieht, und man üblicherweise motivierter ist, für sich selbst etwas Gutes zu tun, seinen Nutzen zu verfolgen, versucht Marc Aurel hier, die eigenen Energien zu kanalisieren, um eingedenk dessen, aus eigenem Antrieb und Bedürfnis heraus für sich selbst, als Teil der Gemeinschaft, sowie gleichzeitig für die Gemeinschaft an sich zu handeln – die Stoa verknüpft damit auf elegante Weise Individualismus und Gemeinschaftsdenken: „'Das höchste Gut ist eine Seele, die auf das Zufällige herabsieht und sich an ihrer Tüchtigkeit freut', oder ‚die unbesiegbare Kraft der Seele, erfahren in den Dingen des Lebens, ruhig im Handeln, mit viel Menschlichkeit begabt und von der Sorge um diejenigen bestimmt, mit denen sie Umgang hat'."[286]

„Warum gibt es denn solche Schwierigkeiten, sich richtig zu verhalten? Entweder es entspricht der Natur, dann ist es leicht, und du solltest dich freuen; ist es aber naturwidrig, dann untersuche, was deiner Natur entspricht, und strebe danach, auch wenn es dir keinen Ruhm einbringt. Denn jedem ist es gestattet, sein eigenes Wohl zu suchen."[287]

Seiner Natur gemäß zu handeln, mag einem vielleicht zwar keinen Ruhm einbringen, Nutzen bringt es einem aber sehr wohl.

Jeder Mensch verfügt über ein ‚ethisches Empfinden', verspürt was recht und unrecht ist, denn es gehört zur eigenen Natur (der Seele). Man soll naturgemäß und tugendhaft handeln, denn naturgemäßes Handeln bringt und fördert den Nutzen, tugendhaftes Handeln kommt vom und führt zum Guten. „Was nicht recht ist, das tue nicht; was nicht wahr ist, sage nicht, denn dein Streben richte sich ganz auf das Gute."[288]

Bei jedem (bedeutenden) Handeln soll man die Voraussetzungen für sein Handeln und die Folgen seines Handelns erwägen (bzw. sich zumindest im Klaren darüber sein), denn jeder einzelne trägt die Verantwortung für sein Handeln – für sich selbst wie auch als Teil der Gemeinschaft. Der ethische Wert bemisst sich (in der stoischen Ethik) am Motiv der Handlung sowie an der Handlung selbst. Grundsätzlich sollten sämtliche Handlungen vernünftig, naturgemäß, tugendhaft und nützlich sein – ja, sogar solche Routinehandlungen wie Einkaufen, Putzen, Essen usw., denn es gibt genug Möglichkeiten, diese auch unvernünftig, nicht naturgemäß, untugendhaft und unnützlich durchzuführen.

15. Wem Kränkungen schaden

„Wenn dich einer kränkt mit Wort oder Tat, so tut er's im Glauben, er müsse es tun. Er kann unmöglich deinen Vorstellungen folgen, sondern nur seinen eigenen. Hat er nun falsche Vorstellungen, so ist der Schaden sein, denn er täuscht sich selbst. So, wenn jemand einen wahren, wenn auch schwierigen Satz für falsch hält, wird nicht dieser wahre Satz geschädigt, sondern der, der ihn nicht verstanden hat. Wenn du das bedenkst, wirst du Beleidigungen geduldig aufnehmen und in jedem einzelnen Falle sagen: Dem scheint es so zu sein."[289]

Hier behandelt Epiktet wiederum die Trennung zwischen Vorstellungen und dem Ding selbst, im speziellen Fall, wenn es um Kränkungen und dergleichen geht. Jeder handelt gemäß seiner eigenen Vorstellungen und glaubt dabei, im Recht zu sein. Jeder hat von sich selbst wie auch von seinen Mitmenschen Vorstellungen. Wenn zwei Menschen interagieren und ihre Vorstellungen sich voneinander unterscheiden – was häufig der Fall ist – kann dies leicht zu Konflikten führen. Nach meinem Dafürhalten geht Epiktet hier zu weit, wenn er behauptet, dass die eigenen Vorstellungen wahr und die fremden falsch sind – die Vorstellungen sind einfach anders. Epiktet wählt hier wohl aus didaktischen Gründen den bipolaren weg, um auch sein Beispiel überzeugender darzulegen, dass der andere, der mit Wort oder Tat kränkt, einfach falsch liege, unrecht habe, und mit jeder Kränkung schadet er sich demzufolge nur selbst, weil er nur erneut falsch liegt und in Unwahrheit verbleibt. Seit der ‚Entdeckung' der Psychoanalyse und dem Unterbewusstsein ist bekannt, dass das Ich nicht Herr im eigenen Haus ist, und folglich die eigenen Vorstellungen von sich bei weitem nicht wahr sein müssen. Aus diesem Grund verbleibe ich bei meiner weniger strengen (toleranteren) Variante, dass die Vorstellungen einfach unterschiedlich sind. An dem, was Epiktet hier lehren will, ändert das aber nichts – man mag jedoch entgegnen, dass sich sehr wohl etwas an der Richtigkeit der Vorstellung ändert; man könnte erkennen, was in bestimmten Situationen (tatsächlich) in unserer Macht stünde. Doch darauf hinaus will Epiktet nicht, er will nicht Erkenntnis, sondern ein der stoischen Lehre gemäßes Leben (vermitteln). Es geht also auch hier wieder um die entsprechende innere Haltung. Wenn man beleidigt oder gekränkt wird, soll man bedenken, dass der Beleidigende bzw. Kränkende nach seinen (anderen) Vorstellungen handelt, gemäß diesen man selbst die Beleidigung etc. verdiene. ‚Dem scheint es also so zu sein.' Dass er damit nicht meine eigenen Vorstellungen trifft, ist sein Pech. Wenn einem die sanfte Variante nicht genügt, kann er gerne auf Epiktets strengere zurückgreifen und die Vorstellung des anderen als falsch annehmen, damit dieser im eindeutigen Unrecht liege.

Übung: Die Übung ergibt sich unmittelbar aus Epiktets Rat. Wenn man gekränkt oder beleidigt wird, soll man bedenken, dass der andere das allein wegen seiner anderen/falschen Vorstellungen

macht. Man soll sich sagen: ‚Dem scheint es so zu sein.' Diese Haltung beruhigt das eigene Gemüt.
Auf der anderen Seite soll man ebenso eine Woche lang sich selbst beobachten und seine Vorstellungen prüfen, wenn man jemand anderen kränkt oder beleidigt bzw. vermeint, dies tun zu müssen.

16. Beleidigung, Verzeihung

„Die Beleidigungen (die einem widerfahren) ohne Erregung hinzunehmen und gegenüber den Tätern nicht unversöhnlich zu sein, sondern vielmehr ihnen ein Grund zu tröstlicher Hoffnung zu sein, das ist ein Kennzeichen eines milden und menschenfreundlichen Charakters. Wie viel besser ist es, dass der Philosoph in dieser Weise seine Gesinnung offenbart und zur Verzeihung bereit ist, wenn sich jemand gegen ihn vergangen hat, als sich dagegen zu wehren, indem man den Täter vor Gericht verklagt und ihn beschuldigt."[290]
Ergänzend zu Epiktets empfohlenem inneren Umgang mit Beleidigungen rät Marc Aurel nicht nur zu offensichtlichem Gleichmut (während Epiktet grundsätzlich zur Zurückhaltung mahnt), sondern sogar noch in Milde und Freundlichkeit auf die Täter zuzugehen, ihnen bei ihren anderen/falschen Vorstellungen zu helfen, ihnen die Möglichkeit auf Hoffnung bzw. Trost zu geben, den eigenen Gleichmut auch den Tätern zu vermitteln, und auf diese Weise die Ursache für die Beleidigung direkt zu bearbeiten, damit einerseits keine weiteren Beleidigungen folgen, andererseits auch der Täter im Sinne der stoischen Lehre fortschreiten kann.
Marc Aurels Zielsetzung geht damit deutlich über Epiktets Grundlagen hinaus. Er predigt Milde und Menschenfreundlichkeit – ganz im christlichen Sinne soll man seinen Schuldigern vergeben. Bei Epiktet finden wir den Kern der stoischen Leh-

re, die innere Haltung, bei Marc Aurel den Zusatz, die Kür, die Offenbarung sowie die Vermittlung der inneren Haltung nach außen – einen Weg, den erst sehr Fortgeschrittene beschreiten sollten.

17. Was heißt „besser sein"?

„Was redest du für ungereimtes Zeug: ich bin reicher als du, folglich bin ich besser als du. Oder: ich bin beredter als du, folglich bin ich besser als du. – Du solltest vielmehr sagen: ich bin reicher als du, folglich ist mein Besitz besser als der deine. Ich bin beredter als du, folglich ist meine Beredsamkeit besser als die deine. Du selbst bist doch weder Besitz noch Beredsamkeit."[291]

Hier behandelt Epiktet eine Kernfrage der Ethik: Wann ist jemand besser als ein anderer? Was bedeutet es, ‚besser zu sein'? Er gibt hier keine Antwort mit Beweis dazu, sondern erörtert die Frage wie üblich aus zwischenmenschlicher Sicht in unmittelbaren Konfliktfällen. Entscheidend ist hier erneut die Trennung zwischen den eigenen Dingen und den äußerlichen Dingen. Die äußerlichen Dinge (Besitz, Ansehen usw.) haben nach Epiktet keinerlei Bedeutung für das Ich hinsichtlich eines Besserseins. Besitz lässt sich nur mit anderem Besitz vergleichen, Ansehen nur mit anderem Ansehen usw. Wenn jemand mehr Besitz als ein anderer hat, ist dieser bloß reicher, hat einfach nur mehr Besitz. Das sagt jedoch nichts über ihn als Person aus, dass er besser sei, keineswegs. Nach Epiktet spielen auch die Fähigkeiten einer Person in dieser Angelegenheit keine Rolle. Wenn jemand mehr oder bessere Fähigkeiten hat, dann hat dieser einfach nur mehr oder bessere Fähigkeiten. Die eigenen Fähigkeiten sind nicht Teil eines selbst. Man verfügt über Fähigkeiten wie über Besitz. Man kann sich Fähigkeiten aneignen, man kann sie verbessern usw., aber sie zählen nicht als Maßstab für ein besseres Menschsein.

Epiktets Differenzierung gibt einen unmittelbaren Rat in einer Konfliktsituation, um die rechte innere Haltung einzunehmen, um das eigene Gemüt zu beruhigen. Mögen andere nur prahlen mit ihrem Besitz, mit ihrem Ansehen, mit ihren Fähigkeiten usw., besser sind sie dadurch aber nicht.

Hier nicht explizit von Epiktet genannt, aber sinngemäß aus seinen Lehren ableitbar ist, dass allein was einem eigen ist, was von einem selbst kommt, als Maßstab für ein Bessersein (als Mensch) gelten kann – das eigene Denken und Tun.

Übung: Eine Woche lang beobachten, wie andere Menschen miteinander mit ihrem Besitz, ihren Fähigkeiten usw. konkurrieren. Dabei soll man sich überlegen, ob dieses Konkurrieren etwas über ihr Bessersein als Mensch auszusagen vermag.

Danach soll man eine Woche lang sich selbst beobachten, wenn jemand anderer mit einem hinsichtlich Besitz, Fähigkeiten usw. in Konkurrenz tritt. Dabei ist besonderes Augenmerk zu legen auf das eigene Gemütsbefinden, welche Reaktionen in einem selbst durch den anderen ausgelöst werden. Sobald man sich angegriffen fühlt, soll man bedenken, dass äußerliche Dinge niemanden besser machen.

Schließlich soll man eine Woche lang sich selbst beobachten, wenn man von sich aus mit anderen hinsichtlich Besitz, Fähigkeiten usw. in Konkurrenz tritt, und sich – eingedenk Epiktets Ratschlag – fragen, ob man dadurch besser ist/wird.

18. Urteile nicht voreilig!

„Es wäscht sich jemand eilig. Sage nicht, er wäscht sich schlecht, sondern, er wäscht sich eilig. Es trinkt jemand viel Wein. Sage nicht, er tut übel daran, sondern nur, er trinkt viel. Denn woher weißt du, ob etwas schlecht ist, bevor du auf den Grund gegangen bist? So wird es dir nicht geschehen, dass du dir sonst begründete Vorstellungen bildest, hier aber dem ersten Anschein zustimmst."[292]

Man soll sein Urteil nicht vom ersten Eindruck – von der ersten Vorstellung – abhängig machen, denn der kann täuschen. Am besten verbleibt man zuerst einfach bei den wahrgenommenen Fakten allein und schlussfolgert nichts weiter hinzu: Wenn jemand wenig arbeitet, sage/denke nicht, er ist faul, sondern, dass er wenig arbeitet. Wenn jemand langsam redet, sage nicht, er ist/denkt langsam, sondern, dass er langsam redet. Wenn jemand stottert, sage nicht, er ist ein Trottel, sondern, dass er stottert. Wenn jemand alte und zerschlissene Kleidung trägt, sage nicht, er ist arm, sondern, dass er alte und zerschlissene Kleidung trägt. Wenn jemand schmutzig ist, sage nicht, er ist ein ungepflegter Lump, sondern, dass er schmutzig ist. Wenn jemand sich sprachlich schlecht artikuliert, sage nicht, er ist dumm, sondern, dass er sich sprachlich schlecht artikuliert. Wenn jemand lustig und singend durch die Straßen geht, sage nicht, er ist betrunken, sondern, dass er lustig und singend durch die Straßen geht. Wenn jemand abseits am Gehsteig liegt/schläft, sage nicht, er ist ein Obdachloser, sondern, dass er am Gehsteig liegt. Im Umgang, bei der Interaktion und Kommunikation mit den Mitmenschen sollen die eigenen Vorstellungen möglichst richtig, möglichst nah an den Tatsachen, an der Wirklichkeit sein, um entsprechend handeln bzw. urteilen zu können. Die Vernunft soll schlussendlich erkennen, worum es wirklich geht und die Vorstellungen sollen bis dahin frei von Vorurteilen und unbegründeten Assoziationen sein.

„Die Vorstellungen, die den Geist des Menschen beim ersten Innewerden eines äußeren Vorzugs bewegen, entspringen nicht willentlicher Entscheidung, sondern sie drängen sich dem Menschen sozusagen mit Gewalt ins Bewusstsein, während die Zustimmung, wodurch diese Vorstellungen als berechtigt anerkannt werden, auf freiem Willen und bewusster Entscheidung des Menschen beruht."[293]

Man soll sich fundiertes (weiteres) Wissen über eine Sache aneignen und darüber nachdenken und dann erst sich ein Urteil bilden. Der (An-)Schein kann nur allzu leicht trügen und falsch sein. Falsche Vorstellungen dürfen keine Grundlage für Entscheidungen, Handlungen oder Urteile sein.

„[...] Gewisse plötzliche und unwillkürliche Bewegungen [kommen] dem Dienst des Geistes und der Vernunft zuvor [...]. Aber sofort unterdrückt der Weise solche Vorstellungen; er findet nichts Fürchterliches an diesen Erscheinungen. Und darauf beruht der Unterschied zwischen dem Unweisen und dem Weisen: Der Unweise glaubt, dass die Dinge in Wahrheit so schlimm seien, wie sie ihm beim ersten Eindruck erscheinen, und befestigt die zuerst gefassten Vorstellungen nachträglich noch durch seine bewusste Zustimmung. Der Weise dagegen – mag er auch für einen Augenblick die Farbe gewechselt haben – versagt jenen ersten Eindrücken seine Zustimmung und bewahrt seine Fassung, die er solchen Vorstellungen gegenüber immer angenommen hat, Vorstellungen, die durchaus nicht ernst zu nehmen sind, sondern nur durch eine Maske erschrecken, hinter der nichts ist."[294]

Jeder bekommt einen ersten Eindruck von einer Situation bzw. einer Angelegenheit. Die entscheidende Sache dabei ist aber, wie mit diesen ersten Vorstellungen umgegangen wird. Wenn man ihnen blindlings vertraut, führt dies schnell zu Vorurteilen. Der erste Anschein ist nur sehr bruchstückhaft, enthält viele Lücken. Man soll sich nicht nur von ihm verleiten lassen, sondern man soll sich auch hüten, durch irgendwelche Spekulationen und/oder Bewertungen ohne gesichertes Wissen Schlussfolgerungen zu ziehen. Solche Spekulationen können zu einem gefährlichen

Spiel werden, weil sie sich leicht zu irgendwelchen Scheinkonstrukten (Irrglauben, Aberglauben) verselbstständigen. Aus der ersten schnellen Vorstellung werden dann automatisch umfassendere Vorstellungen, die jedoch ebenso einer fundierten Wissensgrundlage entbehren und somit keine Basis für Urteile darstellen dürfen.

Auch Marc Aurel hat sich eingehender mit Urteilen und Vorurteilen beschäftigt. In seinen Ratschlägen folgt er dem Grundtenor Epiktets. „[...] halte deinen Verstand von Vorurteilen frei, damit du alles prüfen kannst, ohne zu irren."[295] „Entwickle deine Urteilskraft mit Sorgfalt. Das ist die beste Methode zu verhindern, dass Meinungen in deiner Seele entstehen, die der Natur und damit jedem vernünftigen Wesen widersprechen. Die Vernunft schreibt uns vor, dass wir Vorurteile vermeiden [...]."[296]

„Unsere Seele ist fähig, auf glücklichste Weise das Leben zu verbringen, wenn sie sich den gleichgültigen Dingen gegenüber auch gleichgültig verhält. Und das wird sie tun, wenn sie jedes dieser Dinge in seinen Teilen wie auch im Ganzen betrachtet und sich daran erinnert, dass keines von ihnen uns ein Urteil aufzwingt oder auf uns zukommt, sondern unbeweglich bleibt. Wir sind es vielmehr, welche die Urteile fällen und sie uns gleichsam fest einprägen. Dabei steht es uns doch frei, auf diese Urteilsbildung zu verzichten, oder auch, wenn sich etwas dergleichen schon bei uns eingeprägt hat, es zu löschen."[297]

Auch in diesem Fall ergänzt und spezifiziert Marc Aurel Epiktets Lehre. Zur Behandlung von gleichgültigen (äußeren) Dingen soll man sich fundiertes Wissen über diese Dinge aneignen. Dazu soll jedes Ding betrachtet und analysiert werden: 1. Das Ding in all seinen Einzelteilen; 2. Das Ding als Gesamtes; 3. Das Ding als Teil des Ganzen bzw. in der Natur. Diese Dreiteilung erlaubt es uns, die Dinge besser zu erkennen, zu verstehen und einzuordnen; die Dinge an und für sich zu verstehen sowie auch eingebettet in ihr Umfeld, in die Welt.

Danach soll man Folgendes bedenken: Nichts kann uns zu etwas zwingen, nur wir selbst können uns zwingen lassen. Ebenso kommt nichts von selbst auf uns zu, wir lassen anderes auf uns zukommen. Es obliegt allein uns, zuzulassen. Urteile zu fällen ist auch allein unsere Obliegenheit, wir müssen nicht urteilen, wir dürfen aber. Gleichsam dürfen wir unsere Urteile jederzeit neu fällen – einmal Beurteiltes muss nicht immer unverändert bleiben, unser Urteil muss nicht immer unverändert bleiben, es darf sogar so behandelt werden, als wäre es nie gefällt worden. Wir sind in unseren Urteilen frei und ungezwungen.

Übung: Wenn man eine Situation beobachtet, soll man auch sofort seine geistige Reaktion beobachten. Was man wahrnimmt, sind Fakten, die aber im Gehirn sofort und automatisch zu einer Vorstellung, basierend auf Erfahrungen aus der Vergangenheit, verknüpft und durch Schlussfolgerungen ergänzt werden. Man soll sich beobachten, wie und welche Vorstellungen zu welchen Fakten konnotiert werden. Wenn man sich dieses Automatismus‘ bewusst ist, kann man die Vorstellungen als solche entlarven und an den Tatsachen festhalten.

19. Suche das Glück in dir selbst!

„Ein Ungebildeter erwartet keinen Nutzen oder Schaden von sich selber, sondern alles von außen. Der Philosoph erwartet allen Nutzen und allen Schaden von sich selber. Der Fortschreitende tadelt und lobt niemanden, schilt niemanden, macht niemandem Vorwürfe und spricht nicht über sich selber, als sei er etwas Besonderes oder wisse etwas Besonderes. Wird er durch irgendetwas gehindert oder gehemmt, so sieht er die Ursache in sich selbst. Lobt ihn jemand, so lächelt er bei sich selbst über den, der ihn lobt; tadelt ihn jemand, so lässt er sich nicht auf eine Widerlegung ein. Er geht einher wie ein Kranker und hütet sich, zu bewegen, was noch nicht gefestigt ist. Jede Begierde hat er aus seinem Wesen verbannt, seine Abneigung auf das beschränkt, was naturwidrig ist und zu dem gehört, was nicht in seiner Macht steht. Sein Wollen ist in allen Dingen ohne Leidenschaft und darum umso beständiger und fester. Erscheint er töricht und unwissend, so macht ihm das keine Sorge. Aber vor sich selber ist er auf der Hut, wie vor einem Feinde und Verräter."[298]

Epiktet macht hier eine Dreiteilung (Ungebildeter, Fortschreitender, Weiser) anstatt der sonst üblichen Zweiteilung, um auf die schwierige und langwierige Entwicklung hinzuweisen, um auf den Weg und die Entwicklungsschritte aufmerksam zu machen. Der Fortschreitende weiß im Gegensatz zum Ungebildeten um den Inhalt der Lehren und Regeln, ein Weiser zu werden und ist auf dem Weg, diese umzusetzen. Er ist dabei aber noch nicht gefestigt, er vermeidet darum alles, was naturwidrig ist, aber auch das, was wie Begierden und Leidenschaften in seiner Natur liegt, aber noch nicht in seiner Macht steht, es zu kontrollieren. Der Fortschreitende soll noch vorsichtiger sein, er macht noch nicht automatisch bzw. intuitiv das Rechte, er muss noch bedenken, was er tun und lassen soll, um keine Fehler zu machen. Mit der Aufzählung, was der Fortschreitende tut und lässt, gibt Epiktet dem Leser Tipps, wobei und wie auch er fortschreiten kann und soll.

Der Ungebildete sucht die Schuld, den Grund für sein Unglück immer woanders bzw. bei anderen, nie bei sich selbst. Er weist anderen die Schuld zu und fühlt sich dann besser, ohne jedoch zu wissen, dass er auf diese Weise niemals sein Glück finden wird. Die anderen kann er nicht ändern, sie stehen außerhalb seiner Gewalt, sich selbst, sein eigen Denken und Tun kann er aber sehr wohl ändern. Epiktet verlangt, den Ungebildeten „vor Augen zu führen, dass sie sich um alles mehr kümmern als um das, was sie eigentlich wollen. Denn sie wollen das, was zu ihrem Glücke beiträgt, aber sie suchen, wo es nicht ist."[299] Wenn der Ungebildete akzeptiert, dass die Schuld für sein Fehlverhalten bei ihm selbst liegt, hat er den Schlüssel zur Veränderung seines Verhaltens gefunden und kann fortschreiten.

Der Weise weiß, dass seine Welt aus seinen Vorstellungen besteht und er Gewalt über seine Vorstellungen und folglich auch über seine Welt hat. Niemand hat Gewalt über seine Vorstellungen außer ihm selbst, darum kann auch niemand anderer ihm Schaden und Nutzen bringen. Der Weise bewegt sich in seiner Welt bzw. seinen Vorstellungen ganz natürlich und intuitiv richtig (aus sich selbst heraus). Er denkt und handelt darin frei und ungezwungen, denn er ist eins mit sich selbst, er hat die Lehren verinnerlicht, wodurch er fest ist und gesichert bleibt.

Jeder Einzelne verfügt über verschiedene Mittel, um in beständigem Glück zu leben. Teilweise liegen diese Mittel in der eigenen Gewalt, teilweise in fremder. Was fremd ist, kann jedoch einem weggenommen bzw. erzwungen werden, weshalb man sich davon trennen können muss – Besitz, Geld, Reichtum, Luxus, Ruf, gewohnte Orte, Gesellschaft, Freunde, Verwandte, Familie, Partner usw. „Das Fremde kann ich [zwar nutzen und] zu bessern versuchen, soweit es in meinen Kräften steht, aber nicht um jeden Preis. [...] Wenn ein anderer gegen seine Natur handelt, das soll für dich kein Grund zur Trauer sein; denn du bist nicht dazu da, mit dem andern den Kopf hängen zu lassen oder dich unglücklich zu fühlen, sondern sollst mit ihm glücklich sein. Wenn aber jemand unglücklich ist, dann soll er sich sagen, dass er durch sich selbst unglücklich wurde."[300]

Man braucht das Glück nicht woanders zu suchen, nicht in der Ferne oder Fremde, nicht in einem Tempel in Nepal, nicht auf einer Südseeinsel, nicht auf einem Berggipfel, nicht im Weltraum, nicht im Alkohol, nicht im Drogenrausch usw., denn sein Glück kann man ausschließlich in sich selbst und durch sich selbst finden. „Zieh dich in dich selbst zurück. Für die in uns herrschende Vernunft gilt ja, dass sie von ihrer eigenen Natur her im rechten Handeln Zufriedenheit und heitere Ruhe findet."[301] Andere Orte, ein anderes Umfeld, andere Mitmenschen können aber durchaus behilflich sein, denn dadurch mag es leichter oder gar überhaupt erst möglich sein, aus den eigenen Mustern und Gewohnheiten, die einen gefangen halten, auszubrechen. „Gelegentlich werden ein [Ausflug ...], eine Reise und ein Aufenthalt in einer anderen Gegend neue Kraft geben [...]."[302] „Deshalb raten auch die Philosophen, die Vaterstadt zu verlassen, weil die alten Gewohnheiten uns umgarnt halten und uns nicht gestatten, ein neues Leben zu beginnen."[303] Der Geist ist grundsätzlich frei, kann überall hin und kann alles machen. Aber man beschränkt sich unbewusst und zu leicht selbst bzw. lässt sich beschränken. Durch die Erziehung, durch die Gemeinschaft, durch die Gesellschaft entstehen in jedem von Kindheit an Muster und Gewohnheiten im Denken wie auch im Handeln. Diese Muster/ Gewohnheiten erzeugen in einem einen Zwang, ein Müssen – etwas so zu tun, so zu denken usw. Dieses Müssen entsteht unbewusst und verselbstständigt sich. Auch wenn der ursprüngliche und sinnvolle Grund für diese Gewohnheiten schon aus längst vergangener Kindheit stammt (‚Du darfst die heiße Herdplatte nicht angreifen'), bleiben diese Müssen als Altlasten erhalten und belasten einen. Muster, Automatismen zu erlernen/erlangen ist wichtig, um in einer gefährlichen Umwelt zu überleben – sei es nun in der Steinzeit oder als Kind im Straßenverkehr. Aber irgendwann werden diese Muster obsolet, sind nicht mehr sinnvoll – als Erwachsener braucht man keine Angst vor der heißen Herd-

platte mehr zu haben – bleiben aber als versteckte Last erhalten. Durch die Anwendung der hier beschriebenen Übungen (sowie allenfalls weiterer), kann man sich langsam von diesen Mustern lösen. Ein Wechsel des äußeren Umfelds mag dabei unterstützend wirken, um aus der täglichen Routine auszubrechen, um frei zu werden und in sich selbst gehen zu können.
Seneca gemahnt die nach dem Glück Strebenden zur Vorsicht: „Endlich gibt es noch zahlreiche Erscheinungsformen des Charakterfehlers, aber nur eine Folge: keinen Gefallen an sich selber zu finden. [...] Stets sind sie ruhelos und unbeständig [...]. Ihren egoistischen Zielen jagen sie auf ihrem ganzen Lebensweg nach, zu ehrlosen und schwierigen Unternehmungen erziehen und zwingen sie sich, und wenn ihrem Mühen der Erfolg versagt bleibt, dann quält sie das Scheitern ihres schändlichen Handelns und nicht die Verwerflichkeit, sondern die Vergeblichkeit ihrer Wünsche schmerzt sie."[304] „Infolgedessen unternimmt man Reisen ohne Ziel, eilt unstet von Küste zu Küste, und eine immer mit der Gegenwart unzufriedene Leichtigkeit versucht sich bald auf dem Meer, bald auf dem Land. [...] Eine Reise löst die andere ab, und ein Schauspiel folgt dem anderen. So sagt Lukrez::" Stets flieht so ein jeder vor sich selber". Aber was nützt es, wenn er sich selber nicht entkommt. Er folgt sich selber und ist sein lästiger Begleiter. Deshalb müssen wir uns vergegenwärtigen: Das Übel, an dem wir leiden, liegt nicht an den Orten, sondern in uns."[305] Wer nur nach außen strebt, wer dem Glück nachjagt, darum kämpft, es endlich zu ergreifen, der wird es nie erlangen, denn es ist der falsche Weg.
„Richte dich auf dein Inneres: Dort findest du die Quelle des Guten, die nie versiegt, wenn du nur immer nachgräbst."[306]
Auch wenn man sein Glück in sich selbst bereits gefunden hat, soll man nicht aufhören, es weiter zu fördern. Das eigene Glück

ist zwar unerschöpflich vorhanden, aber es kann und soll beständig aufs Neue aus sich herausgeholt werden.

20. Sich Zeit nehmen – genug Zeit haben

„Wir haben nicht wenig Zeit – nur vertan haben wir viel davon. Das Leben ist lang genug und reicht aus zur Vollendung größter Taten, wenn es als Ganzes gut angelegt würde; sobald es aber durch Verschwendung und Achtlosigkeit zerrinnt, sobald es nur für schlechte Zwecke verwendet wird, dann merken wir erst vom äußersten Verhängnis bedrängt, dass es vergangen ist – dass es vergeht, haben wir nicht erkannt. Ja, es ist nicht so, dass wir ein kurzes Leben bekommen, sondern wir haben es kurz gemacht; und wir sind damit nicht mangelhaft ausgestattet, sondern wir gehen nur verschwenderisch damit um."[307]

Man lädt sich einfach zu viele Aufgaben auf – „den einen zermürbt Ehrgeiz, der immer von fremder Meinung abhängig ist, den andern treibt blindwütige Gier nach Geschäften in der Hoffnung auf Gewinn"[308]. Um Zeit zu haben, muss man sich Zeit nehmen – nicht für seine Aufgaben, für die vielen Sachen, die man vermeint tun zu müssen, und auch nicht für andere – „der ist für jenen, jener für diesen da – niemand für sich selbst"[309] –, sondern für sich selbst. „Die [...] Leute, die von einer Verpflichtung zur nächsten rennen [..., machen nur] sich und andere verrückt."[310]

Die Stoa verlangt hier einen Egoismus, einen gesunden Egoismus, denn man soll nicht zu eigenen Lasten für andere da sein. Tugendhaft, vernünftig, naturgemäß, nützlich soll jedes Handeln sein – für andere, aber vor allem auch für sich selbst! Zunächst ist man einmal sich selbst der Nächste, man soll dafür Sorge tragen, dass man selbst nicht zu kurz kommt in seinem Leben.

Man soll sich nicht mit Terminen zupflastern, sondern sich einfach Zeit nehmen, um einmal ‚nichts' zu tun. „Das Leben der

Vielbeschäftigten [ist] am kürzesten."[311] „Nichts kann ein vielbeschäftigter Mensch weniger als leben."[312] „Zugeknöpft sind sie, wenn es darum geht, das Vermögen zusammenzuhalten; sobald es aber bloß um Zeitaufwand geht, sind sie wahre Verschwender mit einem Gut, bei dem als einzigem der Geiz etwas Anständiges ist."[313] Es sind (möglichst ausschließlich) die wichtigen Dinge im Leben, um die man sich kümmern soll, und nicht um die zahllosen Kleinigkeiten, die einem nur die Zeit stehlen. Was zu den wichtigen Dingen gehört, muss jeder selbst für sich entscheiden, aus Vernunft heraus wie auch durch körperliches Spüren der eigenen Natur.

‚Was nichts kostet, ist nichts wert!', heißt es. Zeit bekommt jeder zur Verfügung gestellt – gratis!? Ja, gratis – mit der Möglichkeit, diese sinnvoll zu verbringen. „Mit dem Allerkostbarsten treibt man ein Spiel; aber man nimmt es nicht wahr, weil es etwas Unkörperliches ist, weil man es nicht zu Gesicht bekommt; deswegen schätzt man es so gering ein, ja misst ihm fast keinen Wert bei. [...] Das Jahresgehalt und Geldspenden nehmen die Menschen sehr gern in Empfang, und dafür verdingen sie ihre Arbeitskraft oder ihre Mühe oder ihre Sorgfalt; niemand schätzt die Zeit; allzu achtlos macht man von ihr Gebrauch, als ob sie nichts kostete."[314] Jeder ist selbst für seinen Umgang mit seiner Zeit verantwortlich. Man braucht keinen Zeitmanagement-Kurs, um genug Zeit zu haben, man soll sich einfach nicht zu viele Lasten, nicht zu viele Dinge aufbürden, die Zeit nicht verplanen, nicht einfach verbrauchen. „Kann es etwas Törichteres geben als das Denken der Menschen, ich meine jener, die sich ihrer Klugheit rühmen? Allzu mühsam sind sie beschäftigt: auf Kosten ihres Lebens richten sie ihr Leben ein, um besser leben zu können. Sie legen ihre Pläne auf lange Sicht an. Aber der größte Verlust an Leben ist das Aufschieben: es entreißt uns einen Tag nach dem andern, es bringt uns um das Gegenwärtige, indem es Entferntes verspricht. Das größte Hindernis für das Leben ist die Erwartung, die am Morgen hängt und das Heute vertut. Du schaltest mit dem, was in der Hand des Schicksals liegt; was in deine Hand gelegt ist, lässt du dir entgehen. Worauf richtet sich dein Blick? Wonach streckst du die Hand aus? Alles Zukünftige liegt im Ungewissen. Jetzt gleich lebe!"[315] Man soll jeden Tag sinnvoll verbringen, man soll jeden Tag leben, denn man lebt allein jetzt, in der Gegenwart. „In drei Zeiträume gliedert sich das Leben: Vergangenheit, Gegenwart und Zukunft. Die Zeit, in der wir gerade leben, ist kurz; die Zeit, in der wir leben werden, ist zweifelhaft; die Zeit, in der wir gelebt haben, ist sicher. Denn gegen diese hat das Schicksal sein Recht verloren, sie kann in niemands Machtbereich zurückgebracht werden."[316] „Am kürzesten und unruhigsten ist das Leben derer, die das Vergangene vergessen, das Gegenwärtige nicht beachten und für die Zukunft in Furcht sind."[317] Anders verhält es sich beim bzw. für den Weisen: „Eine Zeit ist vergangen – er hält sie in der Erinnerung fest. Eine Zeit ist gegenwärtig – er nutzt sie. Eine Zeit wird kommen – er nimmt sie vorweg. Die Zusammenfassung aller Zeiten in eine einzige verschafft ihm ein langes Leben."[318]

Wie wenig von dem, was man tut, braucht man wirklich!? Das Streben (nach Geld, Ämtern, Ehren, Dingen usw.) nimmt einem die Zeit, die man mit Leben verbringen könnte. „Könnte man freilich die künftigen Jahre eines Menschen gleich den vergangenen angeben, wie würden diejenigen zittern, die nur noch wenige vor sich sehen, wie sparsam würden sie mit ihnen umgehen! Nun ist es aber leicht, etwas noch so Kleines einzuteilen, wenn sein Umfang feststeht; doch mit größter Sorgfalt muss man hüten, wovon man nicht weiß, wann es zu Ende ist."[319]

Was man an Zeit einmal verschwendet hat, ist unwiederbringlich verloren. „Niemand wird dir die Jahre zurückholen, niemand wird dich dir noch einmal wiedergeben; das Leben wird gehen, wie es begonnen hat, und seinen Lauf weder umkehren noch anhalten; es wird keinen Lärm machen, nicht an seine Geschwindigkeit erinnern: lautlos wird es dahinfließen. [...] Wie es am ersten Tag seinen Lauf begonnen hat, wird es weiterlaufen, nirgends wird es abweichen, nirgends verweilen. Was wird geschehen? Du steckst in Geschäften, das Leben eilt dahin; unterdessen wird der Tod vor dich treten, für den du Zeit haben musst, ob du willst oder nicht“[320]

Wenn man genug/viel Zeit hat, weiß man sie nicht zu schätzen und ‚schlägt sie tot‘. Wenn man erkannt hat, dass seine Zeit vergangen ist, dann ist es bereits zu spät. Im Nachhinein grämt man sich, seine Zeit nicht besser genützt, so richtig gelebt zu haben. Man kann damit nicht früh genug beginnen, nicht heute, nicht morgen, sondern genau jetzt – und aufhören soll man damit nie mehr!

Sich Zeit zu nehmen ist eine Sache der eigenen inneren Haltung, der Einstellung zum Leben. Wer den ganzen Tag nichts tut, bloß den Müßiggang übt, muss noch lange nicht die richtige innere Haltung haben. „Nein, bei manchen ist auch die Muße voll von Geschäften: in ihrem Landhaus oder auf ihrem Ruhelager, mitten in der Einsamkeit – sie mögen sich noch so sehr von allem zurückgezogen haben – fallen sie sich selbst zur Last: man kann ihr Leben nicht ein Leben in Muße nennen, sondern Geschäftigkeit im Nichtstun.“[321] „[...] denn wenn die Geschäfte sie einmal im Stich gelassen haben, dann wird es ihnen unbehaglich in ihrer Muße, und sie wissen nicht, wie sie die freie Zeit einteilen sollen, um sie herumzubringen. Deshalb nehmen sie Zuflucht zu irgendeiner Beschäftigung, und alle dazwischenliegende Zeit ist

ihnen unerträglich."[322] Ganz deutlich mischt sich hier in Senecas philosophische Ausführung eine Kritik an der Lebenshaltung vieler seiner Zeitgenossen – wobei sich verblüffende Parallelen zur heutigen Zeit bzw. Lebenshaltung zeigen: „Jeder Aufschub eines erhofften Ereignisses ist für sie lang; aber kurz und flüchtig ist die Zeit, an der sie Gefallen finden, und sie wird durch ihre eigene Schuld noch viel kürzer; denn sie laufen von einer Sache zur anderen und können nicht bei einer einzigen Leidenschaft bleiben. Nicht lang, sondern verhasst sind ihnen die Tage; wie kurz erscheinen ihnen dagegen die Nächte, die sie in den Armen ihrer Dirnen oder beim Wein verbringen!"[323] Andersherum kann jemand, der ständig bei der Arbeit zu sein scheint, die richtige innere Haltung haben. Auch wenn sein Körper etwas tut, kann sein Geist in Ruhe und Muße verharren – grundsätzlich ist jede körperliche Tätigkeit geeignet, um seinen Geist dabei zu entspannen bzw. sich entfalten zu lassen (z. B. durch Meditation). Zeit mit sich selbst sinnvoll zu verbringen ist eine Tugend. ‚Sinnvoll' ist das entscheidende Wort, denn sinnlos Zeit mit sich zu verbringen, hat keinen Wert, ist nicht im Sinne der Stoa. „Vor allem aber rechne ich [... zu denen mit der falschen inneren Haltung] auch jene, die nur für Wein und Wollust Zeit haben; denn niemand hat eine schändlichere Beschäftigung. [...] An schandbarer Seuche leidet [...], wer sich der Völlerei und der Unzucht in die Arme geworfen hat."[324] Was sinnvoll bzw. vernünftig ist, das erkennen wir durch Vernunft; was für uns passend bzw. naturgemäß ist, das erspüren wir; was nützlich ist, weist uns ebenfalls unsere Vernunft; und was tugendhaft ist, das fühlen wir.
Für Seneca ist die Sache klar: „In Muße sind allein jene, die für die Philosophie Zeit haben; nur sie leben wirklich; denn sie hüten nicht nur die eigene Lebenszeit gut, sondern verstehen jede Zeit der eigenen hinzuzufügen."[325] Ich kann ihm hier nicht ganz

zustimmen, er schränkt die Sache zu sehr ein. Ich sehe die Causa aus einer anderen Perspektive. Die richtige innere Haltung bzw. Einstellung ist eine Angelegenheit des inneren Spürens, unabhängig von der körperlichen wie auch der geistigen Beschäftigung. Man erkennt die Muße nicht mit dem Geist, man erspürt sie. Man kann sowohl bei schwerer körperlicher Arbeit (z. B. Bäume fällen) innerlich in Muße verweilen, als auch bei fordernder geistiger Arbeit (z. B. mathematische Formeln berechnen). Wenn man in Muße ist, keinen Druck, keinen Zwang, keine Getriebenheit verspürt, sondern ganz in innerer Ruhe verweilt, hat man die richtige innere Haltung. Ich gebe Seneca jedoch Recht, dass die Beschäftigung mit Philosophie (mit stoischer Lebensphilosophie) eine vernünftige, nützliche, tugendhafte, allgemein naturgemäße und gegebenenfalls auch eine der eigenen Natur gemäße Handlung sowie ein geeigneter Weg zur Erlangung der richtigen inneren Haltung ist. Sein Aufruf für die römische Leserschaft hatte damals genauso Gültigkeit wie er es für die heutige hat.
„Glaub mir, ein großer und über menschliche Irrtümer erhabener [... Mensch] bringt es fertig, sich von seiner Zeit nichts nehmen zu lassen, und deswegen ist sein Leben so Lang, weil alle Zeit, die ihm zur Verfügung stand, ganz für ihn frei war. Nichts blieb daher ohne Pflege und ungenutzt liegen, nichts war von einem anderen abhängig, denn er hat nichts gefunden, was einen Tausch mit seiner Zeit wert gewesen wäre, über die er mit peinlichster Sparsamkeit wachte. Deshalb hat sie ihm genügt.“[326] Hier mag man einen möglichen Widerspruch ausmachen: Wer so streng und genau über seine Zeit wacht, verbraucht mit dieser organisatorischen Überwachung auch Zeit, die ihm dann beim eigentlichen Leben fehlt. Für den Fortschreitenden wird das wohl ein Problem darstellen, da er – wie an anderer Stelle schon geschrieben – beim Erlernen überkompensieren muss. Für den Weisen aber, der in

seiner inneren Haltung schon so gefestigt ist, stellt das kein Problem dar, denn bei ihm ist es bereits Teil seiner Natur, bei ihm erfolgt der Umgang mit der Zeit ganz natürlich, ganz intuitiv und automatisch, ohne organisatorischen Mehraufwand. „Der [...], der jeden Augenblick zu seinem Nutzen verwendet, der jeden Tag so einteilt, als wäre er sein Leben, sehnt sich nicht nach dem folgenden Tag und fürchtet sich nicht davor. Was könnte denn noch irgendeine Stunde an neuer Lust bringen? Alles ist bekannt, alles bis zur Sättigung genossen. Über das andere mag das Glück nach Belieben verfügen – das Leben ist schon in Sicherheit. Diesem Menschen kann man noch etwas dazugeben, wegnehmen nichts; und dazugeben so wie einem schon völlig Gesättigten noch etwas Speise: er nimmt es, hat aber kein Verlangen danach."[327] Hier beschreibt Seneca den Idealzustand, den es zu erlangen gilt. Man soll jeden Tag als so bedeutend ansehen, als wäre er sein Leben. Man soll den Tag nicht nur nützen, wie es die Redewendung (‚carpe diem' – wörtlich übersetzt mit „pflücke den Tag"; aus einer Ode des römischen Dichters Horaz) verlangt, sondern man soll jeden Tag mit nützlichem, vernünftigem, naturgemäßem und tugendhaftem Denken und Tun verbringen – und zwar aus einer freien, ruhigen, gelassenen inneren Haltung heraus. Das gilt es zu erlernen, und es geht nicht von einem Tag auf den anderen. „Leben muss man ein Leben lang lernen."[328]

Übung: Diese Übung soll nicht eine Woche lang durchgeführt werden und auch nicht erst irgendwann begonnen werden, sondern man soll damit hier und jetzt anfangen und nie damit aufhören. Man soll sich (möglichst ausschließlich) um die wichtigen Dinge im Leben kümmern, nicht um die zahllosen Kleinigkeiten, die einem nur die Zeit rauben. Man soll sich nicht um die vielen Dinge kümmern, die man glaubt für jemanden machen zu müssen. Man soll sich auch nicht um die vielen Dinge kümmern, die man glaubt für sich selbst machen zu müssen. Man soll sich um die Dinge kümmern, die wirklich und wahrhaft von Bedeutung sind. Was einem wichtig ist in seinem Leben, muss jeder selbst für sich befinden – mit dem, was man auf den vorhergehenden Seiten gelesen hat, sollte man zumindest ansatzweise dazu in der Lage sein. Auf jeden Fall soll es vernünftig, tugendhaft, nützlich, naturgemäß sein und der eigenen Natur entsprechen.

21. Wie man im Alter das Leben verbringen soll

„[Der beste Weg, sein Alter zu verbringen ist] der gleiche wie in der Jugend, nämlich, unbeirrt seinen Weg zu gehen und gemäß der Natur zu leben. Was das bedeutet, wirst du am ehesten verstehen, wenn du über die Natur des Menschen nachdenkst, und erkennst, dass er nicht zur Sinnenlust geboren ist. [...] Ebenso lebt auch der Mensch, der nur seinen Begierden und Lüsten folgt, nicht seiner Natur gemäß, sondern erst dann, wenn er sich zu seinen wesensmäßigen Fähigkeiten und Tugenden bekennt. Erst dann wird er mit Recht gelobt, kann groß von sich denken, hoffnungsfroh und zuversichtlich sein – alles Eigenschaften, denen notwendigerweise Freude und immerwährende Seligkeit folgen. [...] Wenn es nun jemanden gibt, der sich früher, in seiner Jugend, mit Eifer um die rechte Bildung bemüht und sich ernstlich Kenntnisse aus den schönen Wissenschaften erworben hat und sich das, was man durch Übung erwirbt, auch angeeignet hat, der wird wohl im Alter, wenn er fest in seinem Wesen ruht, gemäß der Natur leben. Er wird nicht darüber trauern, dass die Freuden der Jugend vergangen sind und nun die Körperkräfte nachlassen. Er wird auch nicht missvergnügt sein, wenn er von den Nachbarn über die Schulter angesehen und von den Verwandten und Freunden vernachlässigt wird, denn er hat gegen dies alles ein wirksames Schutzmittel in seiner Seele, seine Bildung. [...] Wenn sich jedoch jemand nur eine unzureichende Bildung erworben hat, aber danach strebt, sie zu vervollkommnen, so sollte er, falls er fähig ist, gute Lehren zu befolgen, sich nützliche Vorträge von denen anhören, die von Berufs wegen genau wissen, was für den Menschen schädlich und was förderlich ist, und wie man dem einen aus dem Weg geht und das andere annimmt, und wie man Dinge, die nicht schlimm sind, einem so aber erscheinen, mit Gelassenheit auf sich nimmt. [...] Dann kann der alte Mensch ohne Sorgen und hochgeachtet sein Leben führen, in Heiterkeit und von allen beglückwünscht."[329]

Musonius' Ratschlag ist klar und verständlich und bedarf nicht wirklich einer Ergänzung oder Erläuterung. Junge wie auch alte Menschen sollen der Natur gemäß leben, dieselben Lehren der Stoa beachten und diesen folgen. Wenn man sich bereits früh, in seinen jungen Jahren, mit den Lehren vertraut gemacht und diese eingeübt hat, wird man auch im Alter keine Sorgen haben. Wenn man bereits alt ist, dann soll man eben erst jetzt diese Lehren kennenlernen und sie einüben. Je früher man beginnt nach den Lehren der Stoa zu leben, desto länger lebt man gut und glücklich. Es ist aber nie zu spät, um damit anzufangen. Menschen jedes Alters können gut und glücklich leben.

Für Seneca ist das bzw. sein Greisenalter sogar die ideale Zeit für geistige Beschäftigungen: „[...] denn an meinen geistigen Kräften bemerke ich nichts von der Unbill des Alters, die spüre ich nur an meinem Körper. Nur die Laster und ihre Dienstboten sind gealtert, der Geist dagegen ist frisch und freut sich, dass er nicht mehr viel mit dem Körper zu schaffen und so einen großen Teil seiner Last abgelegt hat. Er jubelt und streitet mit mir über das Alter, er sagt, jetzt befinde er sich in der Zeit der Blüte."[330]

Dem natürlichen Alterungsprozess des Körpers begegnet Seneca mit natürlicher Gelassenheit, mit vollendetem stoischen Gleichmut: „'Das größte Unglück', so sagst du, ‚ist es, dahinzuschwinden und zugrunde zu gehen, und, um es treffend zu sagen, sich langsam aufzulösen. Denn wir sind nicht plötzlich getroffen und hingestreckt worden. Nach und nach werden wir geschwächt, jeder einzelne Tag nimmt uns etwas von unseren Kräften.' Gibt es denn ein besseres Ende als, durch die Natur aufgelöst, dahinzuschwinden? Nicht als ob ein tödlicher Schlag oder ein plötzlicher Sturz aus dem Leben etwas Schlimmes wären, sondern weil es eine sanfte Art ist, unauffällig wegzugehen."[331]

Schlusswort

In der stoischen Lebensphilosophie geht es um Einsicht, Charakterbildung und Erziehung zur Selbsterziehung. Entscheidend dabei ist die rechte Einsicht in die eigenen Vorstellungen und Handlungen. Im Zentrum der philosophischen Überlegung steht die Frage, wie man leben soll und wie man glücklich leben kann. Ein gutes Leben ist für die Stoiker ein Leben in Glück, wobei der angestrebte Glückszustand ein gleichmäßiger und dauerhafter sein soll. Die Tugend ist dabei das Wesen sowohl des Guten als auch des Glücks. Frei ist nur der Glückliche, glücklich ist nur der Tugendhafte. Ein naturgemäßes Leben in Tugend ist somit ein gutes und geglücktes Leben. Jeder muss seinen eigenen, seiner eigenen Natur gemäßen Weg suchen und finden – es gibt keinen für jedermann/frau vorgegebenen Weg zum Glück. Es ist also zu unterscheiden zwischen dem, was der äußeren *logos*-Gott-Natur gemäß ist und was der eigenen Natur gemäß ist. Die eigene Natur ist ein (kleiner) Teil der *logos*-Gott-Natur. Die äußere Natur kann man durch die Vernunft erkennen (versuchen), die eigene innere Natur kann man innerlich (körperlich-sinnlich) wahrnehmen bzw. erspüren – durch ‚Bauchgefühl' (daraus folgen Intuition, Inspiration usw.). Im Idealfall gibt es keinen Widerspruch zwischen der eigenen Natur und der *logos*-Gott-Natur. Beim Weisen ist genau das der Fall bzw. das ist die notwendige Voraussetzung, um ein Weiser zu werden.
Die richtige innere Haltung ist ein Kernpunkt der stoischen Lehre, denn erst die richtige innere Haltung gibt das richtige Motiv für die richtige Handlung im Sinne der stoischen Ethik. Frieden, Freude und Glück sind keine Angelegenheit die Tatsachen betreffend, sondern die eigene Haltung/Einstellung dazu bzw. die Vorstellung davon. Das ist der Kernpunkt für den Umgang mit dem Leben. Zu beachten ist dabei, dass die eigene Vorstellung

nichts am ‚Ding selbst' ändert, sondern nur die Wahrnehmung bzw. Auffassung davon sowie den Umgang damit, was für die Umsetzung der stoischen Lehre jedoch hinlänglich genügt.
Das Ziel ist es, mit sich selbst (und der Welt/Natur, deren Teil man ist) eins zu sein. Wenn die drei Wahrnehmungen (geistig, emotional, körperlich) nicht im Gleichgewicht sind, ist man jedoch innerlich zerrissen. Das Interessante dabei ist, dass viele Menschen – vielleicht sogar die Mehrheit – diesbezüglich nicht in Balance sind bzw. ist; dass also der Normalzustand abnormal ist. Der Mensch in seinem Wesen ist ein Ergebnis dieses Ungleichgewichts. Die Natur jedoch ist vollends im Gleichgewicht, darum soll der Mensch (als Teil der Natur) seine Natur finden, um sein Gleichgewicht zu finden. Man soll wollen, was von Natur aus ist. Unbedingte und uneingeschränkte Werte an sich sind die sittlichen Güter, wie innere Unabhängigkeit, Leidenschaftslosigkeit, Selbstgenügsamkeit, Weisheit, Vernunft usw. Daneben gibt es die außersittlichen Güter wie die, die zu den nicht verfügbaren und letztlich gleichgültigen Dingen gehören. Das heißt aber nicht, dass diese außersittlichen Güter völlig wertlos sind. Der Mensch soll sich aber davor hüten, sein Leben ausschließlich auf solche Güter hin auszurichten, da dadurch keine sittliche Vervollkommnung erreicht werden kann. Wenn außersittliche Güter zur Verfügung stehen, dann dürfen sie selbstverständlich genutzt werden, aber man muss unbedingt auch dazu fähig sein, ohne jegliche innere Anstrengung, auf sie zu verzichten. Man darf sich niemals von ihnen abhängig machen. Dass das ein harter Lernprozess ist, bestätigt Seneca: „Sittliche Vollkommenheit ist kein Geschenk der Natur: eine Kunst ist es, gut zu werden."[332] Rechtes ethisches Handeln ist ohne rechtes Wollen nicht möglich.[333] Man gewinnt die rechte Grundhaltung dadurch, indem man sein Leben auf die Gegenwart richtet, sich auf sein Selbst konzentriert und den Au-

genblick nicht auf die Zukunft gerichtet wahrnimmt. Das Leben soll sich nicht auf die Zukunft ausrichten, man soll wegkommen vom Streben nach Mehr, nach Besserem, nach Größerem, nach Geld, nach Gütern, nach Ansehen usw., man braucht sich nur zu sammeln. Mit dieser Grundhaltung der Seele ist man dem Wandel der Zeit (der Stress machen kann) nicht mehr unterworfen und glücklich im Hier und Jetzt.[334] Der Stoa geht es also vorrangig um die Vermittlung der rechten Einsicht in das Wesen der Dinge, um die Grundsätze der Moral sowie um das Prinzip der rechten moralischen Eigenverantwortung. Der Mensch soll zu bewusster Unterscheidung von vernünftiger und vernunftwidriger Handlung und zu rechten ethischen Entscheidungen fähig sein.

Die äußerlichen Dinge, diejenigen also, die nicht in unserer Gewalt stehen, soll man mit Gleichmut behandeln, denn durch diese Haltung nehmen wir unseren gegebenen Platz im Kosmos (der *logos*-Gott-Natur) bewusst ein. Entscheidend für die Stoiker sind die Dinge, die in unserer Gewalt stehen und uns eigen sind: Denken, Handlungen, Vorstellungen, Neigungen, Abneigungen. Auf seinem Weg zum Glück soll man auf seine Pflicht der Gemeinschaft gegenüber nicht vergessen, denn jeder ist auch Teil des Ganzen und entsprechend soll gedacht und gehandelt werden. Man hat zwar die Freiheit in allem Denken und Tun, doch auch von Vernunft heraus die Verantwortung für sein Denken und sein Tun – die Vernunft gebietet der Pflicht; aus Vernunft heraus hat man die Pflicht zu tun.

Die Lehren der Stoiker zeigen sich, obwohl sie aus einer längst vergangenen Epoche stammen, als heute in unserer modernen Zeit ebenso anwendbar wie vor zwei Jahrtausenden. Gewisse methodische Ergänzungen für die Anwendung sind hilfreich, um für eine gute Einbettung in unsere moderne Welt mit ihren Lebensumständen zu sorgen, was aber nichts an der grundsätzlichen

Eignung der Stoa als moderne Lebensphilosophie ändert. Neue Werte werden durch die Stoa nicht vermittelt, vielmehr zeigen alte und ehrwürdige Werte ihre Bewährtheit als Leitideale auch in unserer heutigen Zeit. Die Beschäftigung mit der stoischen Lehre regt zu Fragen über Tugend, Moral und den rechten Gebrauch der Vernunft an. Die Beschäftigung mit der Stoa scheint einer Therapie zu gleichen, einer Heilung durch Philosophie.[335] So sagte Cicero wohl zurecht: „Es gibt in der Tat ein Heilmittel für die Seele, die Philosophie, man kann ihre Hilfe nicht wie bei körperlichen Krankheiten von außen herbeiholen, wir müssen uns vielmehr mit aller Macht und allen Kräften anstrengen, uns selbst heilen zu können."[336] Unter Selbstheilung versteht die Stoa selbstverantwortlich zu sein für die sittliche Leistung/Handlung sowie Selbstverantwortung für die Bildung der eigenen Persönlichkeit.[337] Die Stoa beansprucht zwar für sich allgemeingültig zu sein, aber es ist sinnvoll, leichter, wenn das Wesen der Stoa der eigenen Natur entspricht bzw. zumindest ähnelt, wenn die eigenen Charaktereigenschaften, Wesenszüge zu den Idealen der Stoa passen. Sich zu etwas zu zwingen, was gar nicht seiner Natur entspräche, wäre nicht im Sinne der stoischen Lehre. Nicht jeder ist zum Stoiker geeignet, es ist nicht leicht zum fortgeschrittenen Stoiker zu werden, und es ist sehr schwer (bis kaum möglich) zum stoischen Weisen zu werden. Erste Fortschritte zeigen sich beim richtigen Gebrauch der Übungen zwar schnell, es braucht aber lange und beständige Übung, um zu dauerhaftem Glück zu gelangen. Doch jeder kann mit sich selbst eins sein und mit der stoischen Lehre als Lebensphilosophie zur ethischen Orientierung seinen Weg finden.

Das Buch sollte nun nicht weggeräumt werden, sondern ständig griffbereit liegen, um die Übungen immer wieder nachzulesen, um die Lehren immer wieder zu verinnerlichen und mit ihnen eins zu werden. Die ersten (wichtigen) Schritte auf Ihrem Weg zum geglückten und guten Leben haben Sie nun bereits getan, jetzt gilt es, dass Sie konsequent Ihren Weg weitergehen – denn auch hier gilt: der Weg ist das Ziel, denn der Weg ist das Leben.

Anmerkungen

1 Vgl. Tibi, Europa ohne Identität, 91 f., 99, 101 f.
2 Vgl. Höllinger, Rückgang der Religiosität, 427–431.
3 Vgl. Gehrke, Antike, 76–79.; und
vgl. Weinkauf, Philosophie der Stoa, 9.
4 Vgl. Gehrke, Antike, 129 f., 141–146; und
vgl. Weinkauf, Philosophie der Stoa, 9f.; und
vgl. Jung, Epiktet, 251,
5 Vgl. Weinkauf, Philosophie der Stoa, 10; und
vgl. Gehrke, Antike, 153 f.; und
vgl. Schmidt, Seneca, 843; und
vgl. Jung, Epiktet, 251.
6 Vgl. Weinkauf, Philosophie der Stoa, 10.
7 Vgl. Weinkauf, Philosophie der Stoa, 10 f.; und
vgl. Berger, Epiktet, 16.
8 Vgl. Gehrke, Antike, 152 f., 157; und
vgl. Weinkauf, Philosophie der Stoa, 15.
9 Vgl. Berger, Epiktet, 16, 18, 25, 32 f.
10 Vgl. Gehrke, Antike, 174–181.
11 Vgl. Weinkauf, Philosophie der Stoa, 15 f.; und
vgl. Gehrke, Antike, 198 f.; und
vgl. Schmidt, Seneca, 843.
12 Vgl. Weinkauf, Philosophie der Stoa, 16; und
vgl. Forschner, Stoa, 183; und
vgl. Gehrke, Antike, 204 f., 214 f.
13 Vgl. Weinkauf, Philosophie der Stoa, 16.
14 Vgl. Forschner, Stoa, 176 f., 183; und
vgl. Weinkauf, Philosophie der Stoa, 16 f.
15 Vgl. Schischkoff, Wörterbuch, 698; und
vgl. Forschner, Stoa, 176.
16 Vgl. Weinkauf, Philosophie der Stoa, 17 f.
17 Vgl. Gigon, Stoiker, 2929.
18 Vgl. Eisler, Philosophenlexikon, 852; und
vgl. Forschner, Stoa, 176.
19 Vgl. Weinkauf, Philosophie der Stoa, 18.
20 Vgl. Eisler, Philosophenlexikon, 852; und
vgl. Weinkauf, Philosophie der Stoa, 18.
21 Vgl. Gigon, Stoiker, 2930:
22 Vgl. Weinkauf, Philosophie der Stoa, 18 f.
23 Vgl. Eisler, Philosophenlexikon, 852; und

vgl. Weinkauf, Philosophie der Stoa, 19.

24 Vgl. Weinkauf, Philosophie der Stoa, 20; und
vgl. Eisler, Philosophen Lexikon, 353; und
vgl. Deitz, Metzler Philosophenlexikon, 463.

25 Vgl. Gigon, Stoiker, 2930.

26 Vgl. Schischkoff, Wörterbuch, 698.

27 Vgl. Eisler, Philosophenlexikon, 353.

28 Vgl. Weinkauf, Philosophie der Stoa, 19 f.; und
vgl. Eisler, Philosophenlexikon, 93; und
vgl. Drechsler, Chrysippos, 173 f.

29 Vgl. Gigon, Stoiker, 2930 f.

30 Vgl. Weinkauf, Philosophie der Stoa, 20 f.; und
vgl. Eisler, Philosophenlexikon, 524 f.; und
vgl. Berger, Epiktet, 21 f.

31 Vgl. Weinkauf, Philosophie der Stoa, 21; und
vgl. Eisler, Philosophenlexikon, 525; und
vgl. Berger, Epiktet, 22.

32 Vgl. Weinkauf, Philosophie der Stoa, 21; und
vgl. Eisler, Philosophenlexikon, 525; und
vgl. Berger, Epiktet, 7, 30 f..

33 Vgl. Weinkauf, Philosophie der Stoa, 21 f.; und
vgl. Eisler, Philosophenlexikon, 569.

34 Pohlenz, Stoa, Bd. 1, 238.

35 Vgl. Weinkauf, Philosophie der Stoa, 22 f.

36 Vgl. Gigon, Stoiker, 2931.

37 Berger, Epiktet, 18, 38.

38 Schischkoff, Wörterbuch, 698.

39 Vgl. Weinkauf, Philosophie der Stoa, 23 f.; und
vgl. Gigon, Stoiker, 2931; und
vgl. Berger, Epiktet, 7, 19; und
vgl. Schmidt, Seneca, 843.

40 Vgl. Berger, Epiktet, 18.

41 Vgl. Gigon, Stoiker, 2931.

42 Vgl. Weinkauf, Philosophie der Stoa, 24 f.; und
vgl. Eisler, Philosophenlexikon, 668; und
vgl. Schmidt, Seneca, 842; und
vgl. Kytzler, Seneca, 823; und
vgl. Gigon, Stoiker, 2932.

43 Vgl. Weinkauf, Philosophie der Stoa, 25 f.; und
vgl. Schmidt, Seneca, 843; und
vgl. Eisler, Philosophenlexikon, 669.

44 Vgl. Schmidt, Seneca, 843; und
vgl. Gigon, Stoiker, 2932,
45 Vgl. Weinkauf, Philosophie der Stoa, 26; und
vgl. Eisler, Philosophenlexikon, 669.
46 Vgl. Weinkauf, Philosophie der Stoa, 26 f.
47 Vgl. Schmidt, Seneca, 843 f.; und
vgl. Weinkauf, Philosophie der Stoa, 27; und
vgl. Kytzler, Seneca, 823; und
vgl. Gigon, Stoiker, 2932.
48 Vgl. Eisler, Philosophenlexikon, 699; und
vgl. Schmidt, Seneca, 847 f.; und
vgl. Kytzler, Seneca, 824.
49 Musonius, Diatriben 4; zitiert nach: Gigon, Musonius, Rufus, 2031.
50 Musonius, Diatriben 3; zitiert nach: Weinkauf, Philosophie der Stoa, 64.
51 Musonius, Diatriben 13; zitiert nach: Weinkauf, Philosophie der Stoa, 232 f.
52 Musonius, Diatriben 12; zitiert nach: Gigon, Musonius Rufus, 2031.
53 Musonius, Diatriben 18a; zitiert nach: Weinkauf, Philosophie der Stoa, 295.
54 Musonius, Diatriben 19; zitiert nach: Weinkauf, Philosophie der Stoa, 298.
55 Vgl. Eisler, Philosophenlexikon, 487; und
vgl. Weinkauf, Philosophie der Stoa, 28 f.; und
vgl. Gigon, Stoiker, 2931 f.; und
vgl. Inwood, C. M. Rufus, 553.
56 Vgl. Eisler, Philosophenlexikon, 487; und
vgl. Gigon, Musonius Rufus, 2031; und
vgl. Weinkauf, Philosophie der Stoa, 29; und
vgl. Inwood, C. M. Rufus, 553.
57 Vgl. Weinkauf, Philosophie der Stoa, 29 f.; und
vgl. Gigon, Musonius Rufus, 2031; und
vgl. Inwood, C. M. Rufus, 553.
58 Vgl. Weinkauf, Philosophie der Stoa, 30.
59 Vgl. Weinkauf, Philosophie der Stoa, 30 f.; und
vgl. Gigon, Musonius Rufus, 2031.
60 Vgl. Rosenberger, Frauenbild bei Gaius Musonius Rufus, 107.
61 Eisler, Philosophenlexikon, 487.
62 Vgl. Weinkauf, Philosophie der Stoa, 31; und
vgl. Gigon, Musonius Rufus, 2032; und
vgl. Rosenberger, Frauenbild bei Gaius Musonius Rufus, 106.
vgl. Inwood, C. M. Rufus, 553.
63 Vgl. Eisler, Philosophenlexikon, 153; und

vgl. Weinkauf, Philosophie der Stoa, 31 f.; und
vgl. Jung, Epiktet, 251.

64 Vgl. Eisler, Philosophenlexikon, 153; und
vgl. Weinkauf, Philosophie der Stoa, 32 f.; und
vgl. Jung, Epiktet, 251; und
vgl. Gigon, Stoiker, 2931,

65 Vgl. Eisler, Philosophenlexikon, 153; und
vgl. Weinkauf, Philosophie der Stoa, 33; und
vgl. Jung, Epiktet, 252; und
vgl. Gigon, Stoiker, 2931,

66 Vgl. Weinkauf, Philosophie der Stoa, 33.

67 Vgl. Eisler, Philosophenlexikon, 154; und
vgl. Weinkauf, Philosophie der Stoa, 34.

68 Vgl. Eisler, Philosophenlexikon, 153; und
vgl. Weinkauf, Philosophie der Stoa, 34 f.

69 Vgl. Weinkauf, Philosophie der Stoa, 35 f.; und
vgl. Eisler, Philosophenlexikon, 153; und
vgl. Gigon, Stoiker, 2931.

70 Vgl. Christ, Mark Aurel, 1853 f.; und
vgl. Weinkauf, Philosophie der Stoa, 36 f.; und
vgl. Eisler, Philosophenlexikon, 451 f.

71 Vgl. Christ, Mark Aurel,1853 f.; und
vgl. Weinkauf, Philosophie der Stoa, 37.

72 Vgl. Christ, Mark Aurel, 1853; und
vgl. Weinkauf, Philosophie der Stoa, 37.

73 Vgl. Christ, Mark Aurel, 1853 f.; und
vgl. Weinkauf, Philosophie der Stoa, 38.

74 Vgl. Weinkauf, Philosophie der Stoa, 38; und
vgl. Christ, Mark Aurel, 1854; und
vgl. Gigon, Stoiker, 2931; und
vgl. Eisler, Philosophenlexikon, 452.

75 Vgl. Weinkauf, Philosophie der Stoa, 38 f.; und
vgl. Eisler, Philosophenlexikon, 452; und
vgl. Schischkoff, Wörterbuch, 456.

76 Vgl. Weinkauf, Philosophie der Stoa, 39; und
vgl. Eisler, Philosophenlexikon, 452.

77 Vgl. Weinkauf, Philosophie der Stoa, 40.

78 Vgl. Weinkauf, Philosophie der Stoa, 39.

79 Christ, Mark Aurel,1854.

80 Vgl. Weinkauf, Philosophie der Stoa, 41.

81 Christ, Mark Aurel, 1854,

82 Vgl. Bernkop-Schnürch, Armut, 21.
83 Vgl. Gigon, Stoiker, 2932.
84 Vgl. Gigon, Antike Philosophie, 19.
85 Vgl. Jung, Epiktet, 253; und
vgl. Pohlenz, Stoa I, 400.
86 Vgl. Berger, Epiktet, 31.
87 Vgl. Gigon, Stoiker, 2932.
88 Vgl. Weinkauf, Philosophie der Stoa, 39 f.
89 Vgl. Pohlenz, Stoa I, 400 f.
90 Vgl. Weinkauf, Philosophie der Stoa, 44; und
vgl. Pohlenz, Stoa I, 402 ff.
91 Vgl. Pohlenz, Stoa I, 407 f., 417–423, 437 ff. 449–459; und
vgl. Weinkauf, Philosophie der Stoa, 45.
92 Vgl. Pohlenz, Stoa I, 402.
93 Vgl. Pohlenz, Stoa I, 462, 466.
94 Vgl. Weinkauf, Philosophie der Stoa, 45; und
vgl. Bernkop-Schnürch, Armut, 65; und
vgl. Berger, Epiktet, 32.
95 Vgl. Weinkauf, Philosophie der Stoa, 45 f.
96 Vgl. Pohlenz, Stoa I, 467.
97 Vgl. Weinkauf, Philosophie der Stoa, 46.
98 Vgl. Berger, Epiktet, 32.
99 Vgl. Pohlenz, Stoa I, 467.
100 Vgl. Berger, Epiktet, 32.
101 Vgl. Forschner, Stoa, 183; und
vgl. Pohlenz, Stoa I, 471.
102 Vgl. Weinkauf, Philosophie der Stoa, 46 f.
103 Vgl. Weinkauf, Philosophie der Stoa, 47; und
vgl. Pohlenz, Stoa I, 471; und
vgl. Schischkoff, Wörterbuch, 686.
104 Vgl. Weinkauf, Philosophie der Stoa, 48.
105 Vgl. Pohlenz, Stoa I, 472.
106 Vgl. Weinkauf, Philosophie der Stoa, 48; und
vgl. Pohlenz, Stoa I, 473.
107 Vgl. Weinkauf, Philosophie der Stoa, 49.
108 Vgl. Weinkauf, Philosophie der Stoa, 49.
109 Vgl. Pohlenz, Stoa II, 1–8b.
110 Schubert, Bedeutungslehre, 9.
111 Vgl. Weinkauf, Philosophie der Stoa, 57.
112 Vgl. Eisler, Philosophenlexikon, 669; und
vgl. Weinkauf, Philosophie der Stoa, 58; und

vgl. Berger, Epiktet, 19, 21.
113 Vgl. Weinkauf, Philosophie der Stoa, 62.
114 Epiktet, Unterredungen, II, 11.
115 Vgl. Seneca, Epistulae, IV, 16, 3-5.
116 Vgl. Jung, Epiktet, 252.
117 Vgl. Rosenberger, Frauenbild bei Gaius Musonius Rufus, 72
118 Epiktet, Handbüchlein, 26 „Was von Klagen zu halten ist".
119 Vgl. Epiktet, Unterredungen, II, 14.
120 Vgl. Marc Aurel, Selbstbetrachtungen, 2,17.
121 Vgl. Forschner, Stoa, 177; und
vgl. Schubert, Bedeutungslehre, 12.
122 Vgl. Weinkauf, Philosophie der Stoa, 58 f.
123 Seneca, Epistulae, XV, 89, 4–17.
124 Vgl. Forschner, Stoa, 181.
125 Vgl. Berger, Epiktet, 61.
126 Vgl. Gigon, Stoiker, 2929.
127 Vgl. Forschner, Stoa, 182.
128 Vgl. Forschner, Stoa, 177.
129 Vgl. Berger, Epiktet, 15.
130 Vgl. Forschner, Stoa, 177; und
vgl. Schubert, Bedeutungslehre, 9 f.
131 Vgl. Gigon, Stoiker, 2929.
132 Vgl. Forschner, Stoa, 177 f.
133 Vgl. Forschner, Stoa, 180.
134 Vgl. Gigon, Stoiker, 2929.
135 Vgl. Berger, Epiktet, 36.
136 Vgl. Forschner, Stoa, 180.
137 Vgl. Forschner, Stoa, 180 f.
138 Vgl. Berger, Epiktet, 36 f.
139 Vgl. Schischkoff, Wörterbuch, 118 f.
140 Vgl. Lukoschus, Gesetz und Glück, 90; und
vgl. Gigon, Grundprobleme, 257.
141 Vgl. Lukoschus, Gesetz und Glück, 84, 90, 277..
142 Vgl. Lukoschus, Gesetz und Glück, 89 f.
143 Vgl. Weinkauf, Philosophie der Stoa, 43 f.
144 Vgl. Forschner, Stoa, 181.
145 Vgl. Lukoschus, Gesetz und Glück, 153, 158, 210.
146 Vgl. Forschner, Stoa, 181; und
vgl. Weinkauf, Philosophie der Stoa, 44; und
vgl. Lukoschus, Gesetz und Glück, 151 f.; und
vgl. Schischkoff, Wörterbuch, 699.

147 Vgl. Berger, Epiktet, 15, 19.
148 Vgl. Forschner, Stoa, 181; und
vgl. Schischkoff, Wörterbuch, 699; und
vgl. Schmidt, Seneca, 844; und
vgl. Berger, Epiktet, 19.
149 Vgl. Schischkoff, Wörterbuch, 699; und
vgl. Lukoschus, Gesetz und Glück, 63, 68; und
vgl. Forschner, Stoa, 181.
150 Vgl. Lukoschus, Gesetz und Glück, 86, 107 f.
151 Vgl. Lukoschus, Gesetz und Glück, 150.
152 Vgl. Berger, Epiktet, 61.
153 Vgl. Weinkauf, Philosophie der Stoa, 44; und
vgl. Lukoschus, Gesetz und Glück, 61 ff.
154 Vgl. Forschner, Stoa, 181 f.
155 Vgl. Forschner, Stoa, 181; und
vgl. Schischkoff, Wörterbuch, 699; und
vgl. Schmidt, Seneca, 844; und
vgl. Berger, Epiktet, 19.
156 Forschner, Handeln, 51.
157 Forschner, Ethik, 160.
158 Lukoschus, Gesetz und Glück, 93.
159 Vgl. Lukoschus, Gesetz und Glück, 107, 111, 142 f., 268, 275 f.
160 Vgl. Forschner, Stoa, 182; und
vgl. Schischkoff, Wörterbuch, 699; und
vgl. Schmidt, Seneca, 846; und
vgl. Berger, Epiktet, 13 ff, 19..
161 Vgl. Schischkoff, Wörterbuch, 420 f.
162 Vgl. Lukoschus, Gesetz und Glück, 13 f.
163 Lukoschus, Gesetz und Glück, 14.
164 Lukoschus, Gesetz und Glück, 14.
165 Vgl. Lukoschus, Gesetz und Glück, 13; und
vgl. Gigon, Antike Philosophie, 93; und
vgl. Berger, Epiktet, 59; und
vgl. Gigon, Grundprobleme, 270.
166 Vgl. Lukoschus, Gesetz und Glück, 294.
167 Vgl. Sennett, Fleisch und Stein, 51, 66, 76 f., 83.
168 Vgl. Birnbacher, Ethik, 49 ff.
169 Epiktet, Unterredungen, III, 14.
170 Vgl. Berger, Epiktet, 27 f.; und
vgl. Cicero, De officiis, 3,7.
171 Vgl. Forschner, Stoa, 182 f.; und

vgl. Schmidt, Seneca, 846.
172 Lukoschus, Gesetz und Glück, 210.
173 Vgl. Lukoschus, Gesetz und Glück, 193, 195 f., 202, 210.
174 Vgl. Lukoschus, Gesetz und Glück, 108 f.
175 Vgl. Schischkoff, Wörterbuch, 699.
176 Vgl. Berger, Epiktet, 19 f., 60.
177 Vgl. Berger, Epiktet, 20, 47; und
vgl. Epiktet, Handbüchlein, 7 „Halte dich bereit!".
178 Vgl. Berger, Epiktet, 57 f.
179 Vgl. Berger, Epiktet, 49; und
vgl. Epiktet, Handbüchlein, 50 „Mache dir die Philosophie zum Gesetz!".
180 Vgl. Forschner, Stoa, 183.
181 Vgl. Forschner, Stoa, 183; und
vgl. Jung, Epiktet, 252.
182 Vgl. Berger, Epiktet, 38; und
vgl. Epiktet, Handbüchlein, 25 „Der Preis der Ehrungen".
183 Vgl. Berger, Epiktet, 50.
184 Vgl. Berger, Epiktet, 42 f.
185 Vgl. Berger, Epiktet, 45.
186 Vgl. Epiktet, Handbüchlein, 51 „Das Wichtigste"; und
vgl. Epiktet, Handbüchlein, 49 „Der Schriftgelehrte ist noch kein Philosoph".
187 Seneca, Vom glücklichen Leben, 3,3.
188 Vgl. Berger, Epiktet, 49, 51; und
vgl. Lukoschus, Gesetz und Glück, 64.
189 Seneca, Vom glücklichen Leben, 16, 2.
190 Vgl. Berger, Epiktet, 38 f., 49.
191 Vgl. Berger, Epiktet, 53.
192 Vgl. Weinkauf, Philosophie der Stoa, 201 f.
193 Marcus Aurelius, Selbstbetrachtungen, X, 16.
194 Seneca, Über die Ausgeglichenheit der Seele, 9, 4.
195 Seneca, Vom glücklichen Leben, 17, 3.
196 Epiktet, Unterredungen, III, 21.
197 Seneca, Epistulae, I, 8,7.
198 Seneca, Vom glücklichen Leben, 1, 1–2, 3.
199 Epiktet, Unterredungen, III, 23.
200 Seneca, Vom glücklichen Leben, 2, 3–3, 2.
201 Seneca, Über die Ausgeglichenheit der Seele, 2, 4.
202 Seneca, Über die Ausgeglichenheit der Seele, 17, 3–5.
203 Seneca, Über die Ausgeglichenheit der Seele, 4, 8.
204 Epiktet, Handbüchlein, 1 „Von dem, was in unserer Gewalt steht, und was nicht".

205 Epiktet, Handbüchlein, 1 „Von dem, was in unserer Gewalt steht, und was nicht".
206 Epiktet, Unterredungen, I, 12.
207 Epiktet, Handbüchlein, 1 „Von dem, was in unserer Gewalt steht, und was nicht".
208 Seneca, Über die Ausgeglichenheit der Seele, 11, 1–3.
209 Epiktet, Unterredungen, I, 12.
210 Epiktet, Handbüchlein, 1 „Von dem, was in unserer Gewalt steht, und was nicht".
211 Epiktet, Handbüchlein, 1 „Von dem, was in unserer Gewalt steht, und was nicht".
212 Epiktet, Unterredungen, Fragment 4.
213 Marcus Aurelius, Selbstbetrachtungen, XII, 22.
214 Epiktet, Unterredungen, II, 18.
215 Epiktet, Unterredungen, III, 3.
216 Epiktet, Handbüchlein, 2 „Was zu erstreben ist und was nicht".
217 Epiktet, Handbüchlein, 2 „Was zu erstreben ist und was nicht".
218 Epiktet, Unterredungen, III, 3.
219 Epiktet, Handbüchlein, 2 „Was zu erstreben ist und was nicht".
220 Vgl. Epiktet, Handbüchlein, 5 „Verwechsle nicht die Dinge mit deinen Vorstellungen!".
221 Vgl. Epiktet, Handbüchlein, 5 „Verwechsle nicht die Dinge mit deinen Vorstellungen!".
222 Epiktet, Unterredungen, III, 3.
223 Epiktet, Handbüchlein, 6 „Worauf wir stolz sein dürfen".
224 Epiktet, Unterredungen, III, 24.
225 Musonius, Diatriben, 17 „Über die beste Wegzehrung für das Alter"; zitiert nach: Weinkauf, Philosophie der Stoa, 320.
226 Seneca, Kürze des Lebens, 1, 4.
227 Seneca, Vom glücklichen Leben, 4, 5.
228 Seneca, Über die Ausgeglichenheit der Seele, 8, 2.
229 Seneca, Über die Ausgeglichenheit der Seele, 8, 8.
230 Epiktet, Handbüchlein, 8 „Einstellung zum Leben".
231 Seneca, Über die Ausgeglichenheit der Seele, 10, 3.
232 Marcus Aurelius, Selbstbetrachtungen, V, 34.
233 Epiktet, Handbüchlein, 9 „Was ein Unglück ist".
234 Seneca, Über die Ausgeglichenheit der Seele, 10, 1.
235 Epiktet, Unterredungen, IV, 6.
236 Marcus Aurelius, Selbstbetrachtungen, IV, 7.
237 Marcus Aurelius, Selbstbetrachtungen, II, 8.
238 Epiktet, Handbüchlein, 12 „Kümmere dich nicht um äußerliche Dinge!".
239 Seneca, Vom glücklichen Leben, 8,3.

240 Seneca, Über die Ausgeglichenheit der Seele, 15, 3.
241 Marcus Aurelius, Selbstbetrachtungen, IX, 31.
242 Epiktet, Handbüchlein, 12 „Kümmere dich nicht um äußerliche Dinge!".
243 Epiktet, Handbüchlein, 14 „Was man wollen darf".
244 Epiktet, Unterredungen, IV, 4.
245 Epiktet, Unterredungen, IV, 4.
246 Seneca, Vom glücklichen Leben, 3, 3.
247 Seneca, Vom glücklichen Leben, 6, 2.
248 Seneca, Über die Ausgeglichenheit der Seele, 10, 4.
249 Epiktet, Handbüchlein, 14 „Was man wollen darf".
250 Seneca, Vom glücklichen Leben, 6, 2.
251 Seneca, Über die Ausgeglichenheit der Seele, 12, 1.
252 Seneca, Über die Ausgeglichenheit der Seele, 12, 5.
253 Seneca, Über die Ausgeglichenheit der Seele, 10, 5.
254 Seneca, Über die Ausgeglichenheit der Seele, 14, 1.
255 Epiktet, Handbüchlein, 19 „Wer unüberwindlich und frei ist".
256 Epiktet, Handbüchlein, 19 „Wer unüberwindlich und frei ist".
257 Marcus Aurelius, Selbstbetrachtungen, IV, 20.
258 Epiktet, Unterredungen, IV, 4.
259 Seneca, Kürze des Lebens, 20, 2.
260 Marcus Aurelius, Selbstbetrachtungen, IX, 34.
261 Epiktet, Handbüchlein, 28 „Bewahre deine Haltung!".
262 Marcus Aurelius, Selbstbetrachtungen, VII, 60.
263 Marcus Aurelius, Selbstbetrachtungen, VII, 71.
264 Epiktet, Handbüchlein, 30 „Pflichten des Menschen".
265 Epiktet, Unterredungen, II, 10.
266 Epiktet, Unterredungen, III, 3.
267 Epiktet, Unterredungen, II, 14.
268 Epiktet, Unterredungen, II, 10.
269 Epiktet, Unterredungen, I, 6.
270 Cicero, De officiis, I, 10.
271 Marcus Aurelius, Selbstbetrachtungen, VI, 2.
272 Marcus Aurelius, Selbstbetrachtungen, IX, 4.
273 Seneca, Vom glücklichen Leben, 4, 3.
274 Musonius, Lehrgespräche 6; zitiert nach: Rosenberger, Frauenbild bei Gaius Musonius Rufus, 72.
275 Seneca, Über die Ausgeglichenheit der Seele, 17, 1–2.
276 Marcus Aurelius, Selbstbetrachtungen, I, 16.
277 Marcus Aurelius, Selbstbetrachtungen, VII, 55.
278 Marcus Aurelius, Selbstbetrachtungen, IV, 51.
279 http://www.gierhardt.de/mathematik/mathesprueche.html; 13. 1. 2011.

280 Marcus Aurelius, Selbstbetrachtungen, II, 7.
281 Marcus Aurelius, Selbstbetrachtungen, VII, 13.
282 Marcus Aurelius, Selbstbetrachtungen, IX, 22.
283 Marcus Aurelius, Selbstbetrachtungen, VI, 54.
284 Seneca, Über die Ausgeglichenheit der Seele, 3, 1.
285 Marcus Aurelius, Selbstbetrachtungen, VII, 74.
286 Seneca, Vom glücklichen Leben, 4, 2.
287 Marcus Aurelius, Selbstbetrachtungen, XI, 16.
288 Marcus Aurelius, Selbstbetrachtungen, XII, 17.
289 Epiktet, Handbüchlein, 42 „Wem Kränkungen schaden".
290 Musonius, Lehrgespräche 10; zitiert nach: Rosenberger, Frauenbild bei Gaius Musonius Rufus, 73.
291 Epiktet, Handbüchlein, 44 „Was heißt ‚besser sein'?".
292 Epiktet, Handbüchlein, 45 „Urteile nicht voreilig!".
293 Epiktet, Unterredungen, Fragment 9.
294 Epiktet, Unterredungen, Fragment 9.
295 Marcus Aurelius, Selbstbetrachtungen, III, 6.
296 Marcus Aurelius, Selbstbetrachtungen, III, 9.
297 Marcus Aurelius, Selbstbetrachtungen, XI, 16.
298 Epiktet, Handbüchlein, 48 „Suche das Glück in dir selbst!".
299 Epiktet, Unterredungen, III, 23.
300 Epiktet, Unterredungen, III, 24.
301 Marcus Aurelius, Selbstbetrachtungen, VII, 28.
302 Seneca, Über die Ausgeglichenheit der Seele, 17, 8.
303 Epiktet, Unterredungen, III, 16.
304 Seneca, Über die Ausgeglichenheit der Seele, 2, 7.
305 Seneca, Über die Ausgeglichenheit der Seele, 2, 13–15.
306 Marcus Aurelius, Selbstbetrachtungen, VII, 59.
307 Seneca, Kürze des Lebens, 1, 3–4.
308 Seneca, Kürze des Lebens, 2, 1.
309 Seneca, Kürze des Lebens, 2, 4.
310 Seneca, Kürze des Lebens, 14, 3.
311 Seneca, Kürze des Lebens, 10, 1.
312 Seneca, Kürze des Lebens, 7, 3.
313 Seneca, Kürze des Lebens, 3, 1.
314 Seneca, Kürze des Lebens, 8, 1–2.
315 Seneca, Kürze des Lebens, 9, 1.
316 Seneca, Kürze des Lebens, 10, 2.
317 Seneca, Kürze des Lebens, 16, 1.
318 Seneca, Kürze des Lebens, 15, 5.
319 Seneca, Kürze des Lebens, 8, 3.

320 Seneca, Kürze des Lebens, 8, 5.
321 Seneca, Kürze des Lebens, 12, 2.
322 Seneca, Kürze des Lebens, 16, 3.
323 Seneca, Kürze des Lebens, 16, 4.
324 Seneca, Kürze des Lebens, 7, 1–2.
325 Seneca, Kürze des Lebens, 14, 1.
326 Seneca, Kürze des Lebens, 7, 5.
327 Seneca, Kürze des Lebens, 7, 9.
328 Seneca, Kürze des Lebens, 7, 3.
329 Musonius, Diatriben, 17 „Über die beste Wegzehrung für das Alter"; zitiert nach: Weinkauf, Philosophie der Stoa, 317–320.
330 Seneca, Epistulae, 26; zitiert nach: Weinkauf, Philosophie der Stoa, 305.
331 Seneca, Epistulae, 26; zitiert nach: Weinkauf, Philosophie der Stoa, 306.
332 Seneca, Epistulae, XIV, 90,44.
333 Vgl. Seneca, Über die Ausgeglichenheit der Seele, 108.
334 Vgl. Seneca, Epistulae, XVII, XVIII, 101,8-9.
335 Vgl. Berger, Epiktet, 54.
336 Cicero, Tusculum, 221.
337 Vgl. Berger, Epiktet, 54.

Literaturverzeichnis

Quellen

Antoninus Marcus Aurelius, Selbstbetrachtungen (Stuttgart 2001).

Cicero Marcus Tullius, De finibus bonorum et malorum (Ditzingen 1989).

Cicero Marcus Tullius, De officiis. Vom pflichtgemäßen Handeln (Stuttgart 1992).

Cicero Marcus Tullius, De re publica (Ditzingen 2001).

Cicero Marcus Tullius, Gespräche in Tusculum (Stuttgart 1997).

Cicero Marcus Tullius, Paradoxa ad Marcum Brutum (GoogleBooks).

Cicero Marcus Tullius, Reden II. De Imperio Cn. Pompei, In L. Catilinam (Wien 2001).

Epiktet, Handbüchlein der Moral und Unterredungen (Stuttgart 1984[11])

Seneca Lucius Annaeus, Epistulae morales ad Lucilium. Liber I (Stuttgart 1987).

Seneca Lucius Annaeus, Epistulae morales ad Lucilium. Liber II (Stuttgart 1986).

Seneca Lucius Annaeus, Epistulae morales ad Lucilium. Liber VIII (Stuttgart 1991).

Seneca Lucius Annaeus, Epistulae morales ad Lucilium. Liber IX (Stuttgart 1994).

Seneca Lucius Annaeus, Epistulae morales ad Lucilium. Liber XIV (Stuttgart 1993).

Seneca Lucius Annaeus, Epistulae morales ad Lucilium. Liber XV (Stuttgart 1996).

Seneca Lucius Annaeus, Epistulae morales ad Lucilium. Liber XVII (Stuttgart 1998).

Seneca Lucius Annaeus, Epistulae morales ad Lucilium. Liber XVIII (Stuttgart 1998).

Seneca Lucius Annaeus, Über die Ausgeglichenheit der Seele (Stuttgart 2002).

Seneca Lucius Annaeus, Die Kürze des Lebens (München 2009[14]).

Seneca Lucius Annaeus, Vom glücklichen Leben (Stuttgart 2009).

Monographien, Sammelbände, Lexika

Berger Gertraud, Die Stoa der Römerzeit und die Philosophie Epiktets (Dipl. Klagenfurt 2001).

Bernkop-Schnürch Monika, Der Armutsbegriff der Stoa und des Christentums unter besonderer Berücksichtigung des 11.–14. Jahrhunderts im Einfluss der Idealisierung der Armut (Dipl. Klagenfurt 1991).

Birnbacher Dieter, Analytische Einführung in die Ethik (Berlin-New York 2007).

Christ Karl, Mark Aurel, in: Andresen Carl u. a. (Hgg.), Lexikon der Alten Welt, Bd. 2 (Düsseldorf 2001).

Deitz Luc, Kleanthes, in: Lutz Bernd (Hg.), Metzler Philosophen Lexikon. Von den Vorsokratikern bis zu den Neuen Philosophen (Stuttgart-Weimar 1995²).

Drechsler Martin, Chrysippos, in: Lutz Bernd (Hg.), Metzler Philosophen Lexikon. Von den Vorsokratikern bis zu den Neuen Philosophen (Stuttgart-Weimar 1995²).

Eisler Rudolf, Philosophenlexikon. Leben, Werke und Lehren der Denker (Würzburg 1972).

Forschner Maximilian, Die stoische Ethik (Darmstadt 1995).

Forschner Maximilian, Stoa; Stoizismus, in: Ritter Joachim / Gründer Karlfried (Hgg.), Historisches Wörterbuch der Philosophie, Band 10 (Basel 1998).

Forschner Maximilian, Über das Handeln im Einklang mit der Natur (Darmstadt 1998).

Gehrke Hans-Joachim, Kleine Geschichte der Antike (München 1999).

Gigon Olof, Die antike Philosophie als Maßstab und Realität (Zürich-München 1977).

Gigon Olof, Grundprobleme der antiken Philosophie (Bern-München 1959).

Gigon Olof, Musonius Rufus, in: Andresen Carl u. a. (Hgg.), Lexikon der Alten Welt, Bd. 2 (Düsseldorf 2001).

Gigon Olof, Stoiker, in: Andresen Carl u. a. (Hgg.), Lexikon der Alten Welt, Bd. 3 (Düsseldorf 2001).

Inwood Brad, C. M. Rufus, in: Cancik Hubert / Schneider Helmuth (Hgg.), Der neue Pauly. Enzyklopädie der Antike, Bd. 8 (Stuttgart-Weimar 2000).

Jung Thomas, Epiktet, in: Lutz Bernd (Hg.), Metzler Philosophen Lexikon. Von den Vorsokratikern bis zu den Neuen Philosophen (Stuttgart-Weimar 1995²).

Kytzler Bernhard, Seneca, Lucius Annaeus, in: Lutz Bernd (Hg.), Metzler Philosophen Lexikon. Von den Vorsokratikern bis zu den Neuen Philosophen (Stuttgart-Weimar 1995²).

Lukoschus Joachim, Gesetz und Glück. Untersuchungen zum Naturalismus der stoischen Ethik (Frankfurt a. M. u. a. 1999).

Pohlenz Max, Die Stoa. Geschichte einer geistigen Bewegung, Bd. 1 (Göttingen⁵ 1978).

Pohlenz Max, Die Stoa. Geschichte einer geistigen Bewegung, Bd. 2 (Göttingen⁴ 1972).

Raunig Gerald, Gefährliche Kreuzungen. Grammatik der Toleranz (München 2006).

Rosenberger Barbara, Das Frauenbild bei Gaius Musonius Rufus als Vertreter der jüngeren Stoa der Kaiserzeit (Dipl. Wien 2007).

Schischkoff Georgi (Hg.), Philosophisches Wörterbuch (Stuttgart[22] 1991).

Schmidt Ernst-Günter, Seneca, Lucius Annaeus, in: Lange Erhard / Alexander Dietrich (Hgg.), Philosophenlexikon (Berlin 1982).

Schubert Andreas, Untersuchungen zur stoischen Bedeutungslehre (Göttingen 1994).

Sennett Richard, Fleisch und Stein. Der Körper und die Stadt in der westlichen Zivilisation (Berlin 1997).

Tibi Bassam, Europa ohne Identität? Leitkultur oder Wertebeliebigkeit (München 2000).

Wolfgang Weinkauf (Hg.), Die Philosophie der Stoa. Ausgewählte Texte (Stuttgart 2006).

Zeitschriften

Höllinger Franz, Ursachen des Rückgangs der Religiosität in Europa, in: SWS-Rundschau 4/2005, 424–48.

Siglenauflösung

SWS-Rundschau = Zeitschrift der Sozialwissenschaftlichen Studiengesellschaft.

Stichwortregister

Die Zeit – Die größte Liebe meines Lebens

Die Zeit – Die größte Liebe meines Lebens (John Herzog)
Hardcover, Großformat-Bildband, 180 Seiten, Euro 19,90

ISBN: 978-3-902689-13-9

Natur, Menschen, Fotos, Worte, Sätze, Gedanken, Geschichten ... eines haben sie alle gemeinsam:
Die Zeit. Die Zeit ist etwas Faszinierendes. Eine Größe, eine Urgewalt, eine berechenbare und unberechenbare Erscheinung gleichzeitig. Ein Foto ist ein Abbild einer bestimmten Zeit, betrachtet durch ein Objektiv, vollendet durch Technik. Ein Wort ist ein Abdruck einer bestimmten Stimmung aus der Zeit, geschaffen durch das Denken von Menschen, vollendet durch Hände. Die Liebe zur Zeit, ja diese größte Liebe beschreibt John Herzog in Worten, Sätzen, Gedanken und eben Fotos. Das Ergebnis ist eine persönliche Reise durch die Zeit, die mit vorliegendem Buch beginnt.

Erhältlich im Buchhandel oder im Internet auf www.lebensgeschenke-verlag.com